三民叢刊141

域外知音

張堂錡著

三民書局印行

自序

張堂錡

兩年前的春天，我出版第一本人物專訪的書《生命風景》，收錄了我於中央日報副刊工作四年多的部分人物採訪報導文章，雖然也有其架構，但基本上不是一個計劃寫作下的產物，而是將不同時期、不同主題的文章編輯整理而成，那本書呈現出我對「人物」這一議題的高度興趣。事實上，在那本書出版的前一年，我已運用人物為主題，出版了一本名為古典格言的勵志散文《智慧的光穿越千年》。對我而言，「人物寫作」固然是因編輯工作上的需求所致，但真正驅使我這些年來都不間斷的主因，還是在於我對「人物」的著迷。我始終認為，一切文化的中心在於人，大地上最動人的風景也是人，因此，我在《生命風景》的序言中提到，願意繼續把握住每一個與生命交會的時刻，再鐫刻動人的景致，與大家分享、相遇。

這本《域外知音》，正是我努力鋪陳、刻劃的又一幅人物風景。不同的是，它是在有計畫的安排下逐一完成的。全書共十九篇，完全以外國漢學家為採訪對象，而且儘可能涵蓋世界不同國家，期望透過包括歐洲、亞洲、美洲、澳洲與俄羅斯等地區的廣闊性，拼湊出一張可以稱之為「漢家天下」的學術版圖。在我有意識的嘗試下，也都儘可能要求自己，不僅要寫出這個漢學家，同時也要向國人介紹其國家的漢學研究概況。我想，這本書的意義或即在此：它除了展現受訪者的學思歷程、人文心靈，也同時傳達了漢學在世界各地各自殊異的發展面貌。

身為媒體的職業編輯人，六年多來，我不斷企劃一些專題或專欄，結合作家與學者，試圖為文壇與學界做一些事；也透過在大學中講授「新聞編採」、「編輯學」等課程，給自己不斷的反省與刺激。從中文學界一路走來，有時雖不免迷惘於何以竟會以編採為專業，但每次看到自己的想法可以很快落實於廣大的受眾，想到七〇年代兩位副刊媒體英雄所掀起的紙上風雲，或者感受到中文系學生對這一課程的熱切渴求時，我便也釋然、安然了。

感謝讓我有充分發揮空間的中副主編梅新先生。這一系列的文章斷斷續續寫了四年才結集，分別在中副與「長河版」上以「國際漢學家系列報導」、「面對當代學人」兩個專欄的方式出現，這不是通俗討好的專欄，他卻能絲毫不加干涉的予以包容，甚至重視並介紹採訪對象。此外，這個系列得以完成還必須感謝中央圖書館漢學中心的協助，特別是李今芸小姐，她總是熱心地居間聯繫，主動幫忙，讓我省了不少力氣。郭惠煜、林金聖兩位同事的攝影，陳鵬翔教授、鍾怡雯小姐在翻譯上的幫忙，以及三民書局的願意出版，都在此一併致謝。

一九九六年四月寫於蘆洲

域外知音　目次

美洲篇

澳洲篇

歐洲篇

（郭惠煜／攝影）

關於屈漢思

屈漢思(Hans Kühner)，一九五〇年生於德國。一九七七年以論文《馬克思主義二〇至五〇年代在中國大陸的發展》獲慕尼黑大學博士學位，期間並曾到倫敦大學東方暨非洲學院研究中國現代政治。一九八五年起著手將《老殘遊記》譯成德文，歷時五年完成。現任慕尼黑大學東方語言與文化研究所研究員，並致力於劉鶚與太谷學派的研究。

《老殘遊記》的域外知音

——德國漢學家屈漢思教授

現年四十二歲、任教於德國慕尼黑大學東方語言與文化研究所的屈漢思博士，是首位將晚清著名小說《老殘遊記》翻譯為德文的著名學者，也是國際間研究太谷學派的先驅。由於海外、大陸、臺灣等地的學者，對太谷學派幾乎完全陌生，相關的資料也隱晦難尋，因此，他的研究成果格外顯得難能可貴，尤其他根據研判，認為《老殘遊記》就是「太谷學派傳道書」的論點，更是迥異於傳統學者對劉鶚及《老殘遊記》的理解，無疑的，他的發現已為這部名著的研究另闢了一條新路，雖然尚非定論，證據也還不足，但已著實令人刮目相看，且深受漢學界重視、期待。

屈漢思於四月初來臺，預計停留二週。他此行是專為搜集有關研究資料而來，因此大部分的時間都留連於中研院、故宮博物院的檔案館裡，埋首於史料原典中。對他來說，如何撥開太谷學派重重的迷霧，還原《老殘遊記》真實的面貌，已成為研究生涯的重心及個人學術生命超越的標竿。

正因為他在這方面的學術探索走在世界的前端，中研院文哲所遂在他短暫的停留中，邀請他抽空舉行一場公開演講，講題為「從《老殘遊記》與太谷學派談起」。本刊在他演講之前，透過文哲所所長吳宏一教授的推介，進行了一個多鐘頭的訪談，從家庭生活、求學歷程及研究心得，都做了剴切而精到的說明。雖然週末早晨的臺北天空一直不斷落雨，早春的微寒也隱約地沁入心脾，但在熱騰騰的咖啡香氣、主人誠懇、儒雅的招待下，一股暖意馬上在彼此言談笑語中升起。

「我的中文說得不好。」他有些靦腆地說出這句話，可是說得如此字正腔圓，反令人有中文造詣不可小覷之感，果然，在往後的談話裡，除了速度稍慢外，不論思路、措辭與發音，都充滿道地的中國風味，適時的引經據典，更顯得流利自然。既然語言溝通無礙，我們寒暄之後便立刻進入主題。話題從他的求學歷程開始說起。

十九歲離家，藉旅行認識東方文化

「西方文化中有一特點，即年輕人都想與家庭分開，自謀生活獨立，我可能也是這個動機而離開家。我住在德國西南的小鄉村，求學後才到大城市。剛上大學不久，我就決定要到東方去親身遊歷，欣賞東方文化之美。一九六九年，我十九歲，正在唸大三，但我已決定離開，於是我一路上從巴基斯坦、印度、菲律賓等東南亞國家旅行到臺灣，趁機參觀了東方文化。」

他解釋說，大概是當時許多人對西方文化的矛盾很敏感，心中苦悶，想尋找另一個出路，接觸另一種不同的思維方式。不少人對西方模式不太滿意，而整個大思潮則是對中國文化、印度佛教、禪宗感興趣，於是他也受了此一思潮的影響，而對東方文化產生一股親炙的渴望。

屈漢思來臺求學，在師大國語中心學習中文一年，每天練習寫字、讀書，並到南部、山區到處參觀，回憶起那年的情形，他說，彷彿只剩下了寫字與走路二件事而已。一年後回德國，他又重複了一次來臺的路線。在德國，敏感的屈漢思感到氣氛劇變，一九六八年政治運動開始，學生活動也很積極，很多人不再談中國古代文化，而大談近代政治，對中共那一套有興趣，共產主義組織在大學裡活動頻繁，整個氣氛都改變了。他也因參加學生運動而放棄了對中國古代文化的興趣，只對中國當代的政治發展有興趣。

「現在來看，那是一項錯誤，但從我個人發展來看，未嘗不是一種幫助，我得到了不少經驗。」

積極投入學生運動的屈漢思，曾被抓過，但並未入獄，現在回想起那時狂熱、盲目的無知歲月，他笑著說，那是很年輕時候的事了。二、三年後，他警覺到自己生命盲目流失的可怕，遂申請到倫敦大學「東方暨非洲學院」去研究中國現代政治，以馬克思主義對中國人的影響為主，回到慕尼黑大學後完成了他的博士論文《馬克思主義二〇至五〇年代在中國大陸的發展》，取得博士學位。

「我從一九六八年到七七年拿到博士學位，共有八年時間都在校園裡，因為一直都是申請基金會獎學金，於是畢業後想找一份工作，而申請到上海師範大學教德文。」

費時五年，以一人之力完成《老殘遊記》德譯本

一九七七年十二月，他以「外國專家」的身分前往大陸，在文革之後，他們可說是第一批進入大陸任教的外國人，因此遭到嚴密監控，不准騎自行車從學校到上海市區，必須有幹部或翻譯陪同始可；學生到他家也必須二人以上，事後還必須寫報告。這種生活令他難以適應，教了二年多，又回到慕尼黑，在相當於中研院的「馬克思布蘭克學會」研究機構，負責與中國大陸的學生交流、科技合作等工作。這份工作仍非學術，而是管理，三年後，他覺得自己的性情還是屬於學術，於是申請到 Bochum 大學研究中國近代科學史，探討西方科技進

入中國的過程。二年後發表了一本學術著作，關於近代科學從一九二八到一九八二年的發展，同時也在大學一位教授的建議下，著手翻譯《老殘遊記》為德文。從一九八五年開始，到一九八九年出版，歷時五年，如此龐大的工程，他一人獨立完成，投注的心血與艱辛可想而知。因為翻譯《老殘遊記》的緣故，他發現了太谷學派。

「其實，這部小說我早就看過，覺得跟其他清末小說不同，劉鶚這個人，在思想上較自由、開放，個性剛強，他有許多跟古人不同的見解，深深吸引了我。尤其當我發現他是太谷學派的門人時，更是大感振奮。翻譯過程中碰到的困難當然不少，但因我在八六年又回到大陸，在北京外國語學院教翻譯，於是可以請教一些學者，如將《老殘遊記》翻譯成法文的盛成老先生即是。」

屈漢思認為，劉鶚一生信仰太谷學派思想，是該學派第二代和第三代傳人的門弟子。《老殘遊記》最早是用筆名「洪都百鍊生」出版的，採用這種方式，作者可以公開地傳播他對政治和社會的看法，同時也可以宣傳當時被攻擊為異教的太谷學派思想，因此，他很贊同有人將《老殘遊記》視為「太谷學派的傳道書」。

到底太谷學派的主張與歷史如何呢?研究此一議題已三年的屈漢思依然持保留的態度，他表示，很多問題都未成定論，值得深究的地方還很多，不過，太谷學派的大概歷史他尚能掌握。他說，此一學派的創始人是周谷，號太谷，活在嘉慶、道光年間，一八三二年死於揚州。死後分成二派。北派領導人是張積中，十九世紀五〇年代在揚州遭太平天國動亂，遷到山東，在黃崖山區建立了小型的公社組織，和家屬、學生們讀書、耕地，同治年間人數多達一萬人，參加者百姓、官吏均有，連官吏也被要求耕田、勞動，因此這到底是傳統儒家學派，還是教派？未成定論。主要原因是他們的著作都未公開發表所致，這是肇因於同治五年，山東巡撫派兵圍殺了二千多人，這個學派遂成為非法組織，因此幾位主要傳人的手稿都不敢發表，直到現在，只有劉鶚的兒子曾發表《李龍川詩集》一小冊而已。

南派的領導人是李龍川，活動地點在江蘇，但此派沒有繼續發展。後來張積中的一個學生在黃崖山屠殺中死裡逃生，到南方與李龍川的學生一起在蘇州建立書院，這書院的經費主要是靠劉鶚及上海富商、官吏資助，直到民國十五、六年還存在。

研究太谷學派成就可觀，但因缺少同好而時感寂寞

張積中與李龍川同為此一學派第二代傳人，第三代是黃保年，他們都有「遺書」手稿，屈漢思在大陸上偶然得見，加深了他深入探究的決心與興趣。至於此一學派的特色，他目前仍在思索，只能大略描繪一些輪廓：

「他們主張親自下田，自給自足，這一點可能接近『農家』，但在主要傳人的『遺書』找不到佐證。此外，他們特別注意修身過程，認為周公、孔子、孟子的儒家傳統後來中斷，宋儒繼承了其中的一面，太谷學派則繼承了另一面，注重內聖工夫，這一點有待研究。他們也不同意宋代理學家們對佛、道教的否定，而認為佛、道，甚至包括基督，雖與儒家路數不同，但目標則一致。這個觀點早期也有，如明末福建蒲田的林兆恩就曾提出「三教合一」的主張，因此有人認為太谷學派是林兆恩後來的學派，但因其間相距兩百年，找不到居中聯繫的資料，因此有待商榷。如果從思想上看，我認為太谷學派是比較接近儒家的。」

因為資料難求，加上研究人少，屈漢思雖然在這方面做得興致勃勃，但也不免有寂寞之慨。現居美國的馬幼垣曾於六〇年代在臺灣寫過一篇有關劉鶚與太谷學派的文章，但根本未見過手稿資料。此次來臺，他在故宮、中研院找了不少線索，例如當時山東巡撫的奏摺，可查出張積中在山東活動情形，地方縣志也可得知一二。不久，他將赴大陸參加一項有關太谷學派的學術會議，一些年紀較大的學者，甚至與太谷學派有點淵源的人也會出席，屆時可能會有新的發現或研究成果發表。

從一九八九年夏天自北京返回慕尼黑大學任教後，屈漢思自認才真正開始自己的漢學研究生涯，因為以前的工作似乎都算不上是漢學研究，不過，也正因為他在東方豐富的親身經歷，使他在這方面的研究上有較寬闊的視野與正確的認知。他認為，西方傳統漢學研究的成就固然可觀，但大部分漢學家對中國社會缺乏真正接觸，無法真切了解中國人的思想概念，在中國傳統歷史、思想、社會上起了什麼具體作用，只是把這些概念當作抽象化事物來看待，這一點恐怕並不正確。而他慶幸的是，年輕時在中國的東飄西盪，使他避免了這一缺失。

這幾年來，他一方面在大學教書，一方面專研太谷學派，這已成為他漢學研究的重心。此一式微且鮮為人知的清末學派，因為他的研究而在國際上漸受重視，身為太谷學派的門人，劉鶚地下有知，必將深深感謝這位來自德國的域外知音吧！

中華民國八十一年四月十六日中央副刊

《中國文哲研究通訊》第六期轉載

（郭惠煜／攝影）

關於伊維德

伊維德(Wilt L Idema)，一九四五年生於荷蘭，一九六八年畢業於國立萊頓大學中文系，其後曾赴日本京都大學、美國哈佛大學進修，以論文《明朝話本小說》獲萊頓大學博士學位。學術專業集中於戲曲、古典詩的研究與翻譯，著有《寒山詩選》、《白居易詩選》、《中國古典詩選》、《唐代傳奇選》等書。現任萊頓大學中國語言文化系主任兼漢學研究院教授。

在話本古詩天地中悠遊

——荷蘭漢學家伊維德教授

出生於荷蘭東北小農村的伊維德博士，是荷蘭國立萊頓大學中國語言文化系系主任兼漢學研究院教授。自七四年起，他曾多次來臺訪問、演講、收集漢學資料，八三年後，則幾乎每年都探訪這個碧海中的小島，和臺灣以及漢學結下不解之緣。

受荷蘭小說家高羅佩影響，投考中文系

目前國際間對漢學的研究可謂方興未艾，而研究的層面也十分廣泛，種類繁多，涉及中國的語言、文字、文學、歷史、社會等，在時間上又涵蓋古代和近代。這一股浪潮隨著華語的日益受國際舞臺的重視而愈形高漲，故一般對漢學的未來都抱著相當樂觀的態度，認為極具發展的潛能和前瞻性。而這位自中學起即對語言、歷史、文學極有興趣的漢學家，現在研

究的方向便是集中在古典詩歌和文言小說方面。此外他也在萊頓大學講授中國文學入門的課程。

趁著他來臺開會之際，我們到他下榻的圓山飯店做了一次簡短的採訪。伊維德的國語講得相當流利，措辭用字都十分典雅，說話的速度不緩不慢，發音也字正腔圓，思路更是清晰有條理，想必是對國語下了一番苦心才能有此成果，這令我們對他學習中文的經過充滿了好奇。

「認真說起來，我對中文的興趣可追溯到在故鄉的小鎮唸中學的時候。對語言、歷史和文學的喜好使我在上大學之前就決定了投考語文組。荷蘭的大學制度和臺灣相似，即在上大學之前就必須決定所要唸的科系，和美國不同。我當時受了荷蘭小說家高羅佩的影響，同時又閱讀了狄公案，這使我決心投考中文系。

「一九六三年的荷蘭唯有國立萊頓大學設有中文系，因此理所當然的我就選擇了它，或者也可以說它是我唯一的選擇吧！後來雖曾多次離開，但最終仍如河水流歸大海，再度回到母校的懷抱，一直待到今天。」

他在大學時代便對中國社會、古典文學特別有興趣，也曾興起到大陸和臺灣的念頭。但當時的政治情況不允許他成行，同時也因旅費高昂，又無獎學金的資助，使他的中國之旅一直無法實現。

儘管如此，他仍對漢學研究抱著十分濃厚的興趣。一九六八年大學畢業後，在汲汲打聽之下，他退而求其次的到了日本，也申請到日本的獎學金，先後在北海道大學和京都大學各待了一年。在北海道大學他修的是社會學，研究大陸文化大革命，然而由於對古典文學仍念念不忘，第二年便轉到以人文科學研究所聞名的京都大學，向田中謙二學習元朝雜劇和專攻古代白話文學。

在日本待了兩年之後，他停留在香港約四個月，目的是在大學服務中心繼續研究工作，但香港以廣東話為主的社會環境，並不利於國語的學習，所以他又回到剛成立當代中國研究所的萊頓大學。

致力研究與翻譯，集中在戲曲、古典詩

「萊頓大學是在一九六九年成立當代中國研究所，在這之前一直是以古典文學為主。回校不久，荷蘭古典文學研究先驅Fonker去世，我便接替他的課程，教授古典文學。

「一九七七年我到夏威夷開設為期半年的課，一九八七年因為獲得Fullbright 的美國獎學金，故得以在波士頓的哈佛大學進修。在加州柏克萊大學停駐一年，我便又回到萊頓。所以

我的生活一直是以母校為重心，似乎天涯海角走遍，終歸也會回到度過大部分青春時光的故鄉。」

但是他一直想完成當年神遊的大陸之旅。所以在一九七八年大陸開放後，他便以旅行團團長的身份，帶領一群朋友到廣州、北京、長沙和西安參觀，以後又陸續去了四次，每次都帶回許多寶貴的記憶，彷彿書本資料的山水風景都復活過來了，詩人筆下的風土人物歷歷展現眼前，令他悠然忘我，宛如回到了文人墨客的多情世界。

詢及他在漢學研究的成就和貢獻時，他十分謙虛的笑而不答，在我們一再催促之下才一一列出成果，作品數量很可觀，計有《寒山詩選》、《杜甫詩選》、《白居易詩選》、《中國古典詩選》，和兩位教授合著的《聊齋誌異選》以及話本兩種、元雜劇一種，俱以荷蘭文譯成。他表示若要發表專業論文，須通過英文，在漢學界頗有盛名的《萊頓通報》上刊登。這是一份歷史十分悠久、由荷蘭和法國人合編的論文雜誌，從一八九六年成立始，至今已近一百週年。

伊維德博士也許長久浸染於中國古典詩和戲曲，態度和舉止十分中國化，頗有書生的儒雅和溫文，適時的手勢輔助講話的語氣，給人悠雅從容的舒坦之感。

當話題觸及他的博士論文時，從他自信的笑聲裡頗能感受到他對學術的執著和努力。

「我的論文題目是『明朝話本小說』。一般人都承認話本自宋朝開始萌芽而到明朝大發光芒，可是宋時卻無人提到話本，直到明朝才正式受到重視。我認為宋朝說書人所講的故事內容和後來的戲曲、小說一樣的，但是故事的形式或許略有更異，也就是他們所用的底本之原貌已無從考究。因此我對一般教科書的定論感到懷疑，也就引發了我探討話本發展的動機，進而著手寫就這篇博士論文。

「後來我也和美國同窗合編《中國戲曲資料》，把元人演出戲曲的方法以及他們的生活形式逐一說明。另外也出了一本有關明朱有燉的傳奇和雜劇的翻譯本。」

應先瞭解中國文化傳統，再研究當代中國

伊維德不但勤於學術研究，其嚴謹和認真的態度和精神更令人肅然起敬。最近他和另一位美國漢學家合譯的英文本《西廂記》，便是用明朝弘治年間之底本。目前原版本儲存在北大圖書館，不過五〇年代時影印本已在國內外流傳。他認為坊間用的都是經金聖嘆改動過的批本，因此希望恢復它的原貌，以本來的情節和文字呈現給讀者。

至於荷蘭年輕一代對漢學的興趣，似乎在天安門事件發生以後，人數有下降的現象，原因出在報紙對這件事情採消極的報導，因此也間接影響了學術的發展。大陸在開放後，外國

學生可以在當地留學，也使他們在和當代文學脈搏共起伏下，偏向現代文學的研究工作；而臺灣文學在八〇年後又有新的發展，所以新一代的興趣和方向，似乎和五〇年代的研究風氣有了明顯的差異。

然而他並不十分贊同這樣的發展趨勢。他堅持應該先瞭解中國的文化傳統以後，再進一步去研究當代中國，齊頭並進才不會流於主觀和片面。從這裡我們也可看出他紮實的做學問態度，十分令人佩服。

「我在萊頓唸書的時候，受到兩位良師的研究態度影響。一是鑽研漢朝歷史的何思維Huleewe'，一是專攻中國宗教的許理合Zürcher。何教授的為學態度十分詳細，並且很重視文言文；而許理合教授則認為中國文化非單純的文獻文化，應該也注意到民間的生活樣貌，也就是地方性色彩所造成的文化影響。儒家是傳統的主流，然而民間的一點一滴所構成的支流也對整個文化的結構有所改變、陶鎔。因此我對白話文學十分重視，這是應人民的需要而發展的一種新興文學。」

伊維德對中國古詩十分有心得，當詢及他是否有意學做古詩時，他很坦白的笑著否認了：「我是荷蘭人，對荷蘭文學仍有著很濃厚的興趣。對於中國文學，我只是把它當成一門學問來研究。」頓了一頓，他又說：「不過中國和荷蘭的文化的確是有互相影響的地方。譬如中國的藝術對歐洲的影響就很大。尤其是二〇、三〇年代的詩歌，荷蘭人還加以模仿、學習。

「可惜他們用的譯本不好。十九世紀時有一位德國詩人首先把中文翻成法文，德國人又再把它譯成德文，而且許多地方並不忠於原文，常任加修改，因此荷蘭詩人再按照這樣的本子譯回荷文時，幾乎已不再是真正的中國詩歌，和原著實在差距太多了。」

未來擬從事清詩研究，並將《紅樓夢》譯成荷文

談到未來的計畫，他已擬定好一系列準備完成的著作和研究。明年將會出版《唐代傳奇選》，同時也打算重編《白居易詩選》，增加新樂府詩的分量，以彌補上次之缺。由於編中國古典詩選時，他對清朝尤其是袁枚和趙翼的詩特別有興趣，因此也想從事這方面的研究。他甚至想在退休後從事《紅樓夢》的翻譯荷文工作。

「不過，未來的一切都尚不具體，我現在四十七歲，離六十五歲的退休年齡還很久。目前由於指導很多位學生的博士論文，屬於自己的時間是愈來愈少了。」

這位儒雅的漢學家似乎略有無奈感，但很快的又談到自己對荷蘭漢學發展的願望。他認為中文是世界語言，以目前荷蘭只有萊頓大學和一間專科學院設中文系的情況來看，的確是太少了。若以較現實的眼光來評定唸中文系的出路，那未來的發展是相當理想的，他很多學

生在政府部門、外交部、旅行社任職，當然最普遍的就是像他一樣，留在萊頓大學繼續自己的研究工作。

未來的歲月還很長，但是對於這位一意醉心於漢學研究的荷蘭朋友，時間永遠是最不足、也最珍貴的東西。不過，悠遊於詩歌戲曲的文學天地，時間的長短應該不足以令他耿耿於懷，最重要的，還是沈潛其中那種永恒和諧的生命況味吧！

中華民國八十一年八月二十八日中央副刊

（郭惠煜／攝影）

關於杜德橋

杜德橋(Glen Dudbridge)，一九三八年生於英國，劍橋大學畢業，一九六七年獲劍橋大學博士學位，在歐美漢學界聲譽甚隆，獲選為英國國家學術院院士。一九六一至一九六四年間曾在香港新亞研究所進修，目前執教於牛津、劍橋等校。學術專業主要在中國古典小說與民俗傳說，出版有探討《西遊記》、《李娃傳》及妙善傳說等題材的著作多種。

從牛津走向東方

——英國漢學家杜德橋教授

現任英國牛津大學中文講座教授的杜德橋(Glen Dudbridge)，是劍橋大學博士，在歐美漢學界是位聲譽甚隆的學者，獲選為英國國家學術院院士。他的主要研究方向在中國古典小說與民俗傳說方面，曾出版了探討《西遊記》、《李娃傳》及妙善傳說等題材的數本著作。由於國內有他著作的中譯本，因此在學術界知道他人的也不少。

凡是和他接觸過的人都會訝異於他一口純正道地的國語，幾乎聽不出異國的口音，不僅如此，他還能用中文寫作有關目錄學、文字學方面的文章，令人折服不已。不過，他微笑地補充說，如果是涉及哲學、邏輯方面的研究，他還是習慣用自己的母語——英文來書寫。

或許是英國紳士教育的薰陶，杜德橋的外表溫文儒雅，從容有致，舉止言談間不急不徐的語調與手勢，令人不自覺地有如沐春風的親切感。他不是氣宇軒昂、讓人乍見眼亮的教授學者，反而更像是懂得哄寵小孩的小學教師。厚重的鏡片背後，是一雙溫暖帶笑意的眼；冷靜的頭腦之外，仍不失赤子之心的風趣與天真。和他聊天——即使談的是嚴肅的漢學，也輕鬆得像是話家常。

因著參加一項國際會議，他再度來臺。我們去探望他的時候，正是英國人習慣喝下午茶的時刻，於是，在咖啡、蛋糕的香氣裡，在午後日光斜斜的映照裡，我們一步步地走進杜德橋的漢學研究天地，和他一起檢索這數十年來耕耘的點滴心情。

在買麵包的路上，因一句話而改變一生

話題從他十歲時的一次經驗談起。

「應該是一九四八年吧！我還是個懵懂好玩的孩子，有一天在一本美國雜誌上看到一幀照片，上面有一些漢字，我覺得好奇，就數了數那些字，而且依照自己的理解去看，竟覺得津津有味。」

杜德橋對語文的確是有天分的，無論是德文、拉丁文或法文，他都十分感興趣。到了十六、七歲，正是愛作夢的青少年時期，他又開始涉獵文學，並且決心投考牛津、劍橋等名校，希望能在這方面有所發展。

「很幸運的，我考進劍橋。」杜德橋回憶道：「我想這必須歸功於我的中學母校Bristol Grammar School，在英國西南部，近四百年悠久歷史的好學校。老師們做學問的認真態度，對我的影響很大。學風對個人氣質、研究學習的態度是很重要的，它刺激我對學術的興趣，也培養我發現問題就一定追根究柢，直到圓滿解決的決心和態度。當然我也希望自己教出來的學生能有同樣的耐心和毅力。」

既然杜德橋一直在歐美語系的生活背景長大，所接觸的和中文似乎並沒有關聯，那他的漢學之路又是如何開始的呢？

「這個只能用『緣』一字可以解釋。」杜德橋低頭略為思索，似在整理思緒，以便回憶起年少時意氣風發的點滴過往。

「我想應該從當兵的那兩年說起。一九五七年正是適逢冷戰的年代。由於局勢所趨，稍具語言天份的都會被送去學習軍事語文。而我則分配隸屬於俄文組。記得在那短短的服役期間，我的俄文程度突飛猛進，不但能流利的與人交談，同時也在軍中擔任翻譯工作。當時身邊雖有學中文的朋友，但我只純粹抱著觀望的好奇態度，並沒有興起要學中文的慾望。」

役畢，他去德國唸了幾個月大學。這段期間因心情不好，他沒有做長久的停留，便又回到劍橋。可是由於接觸的都是過去在高中時候已讀過的書本和資料，了無新意的大學生活著實令他沮喪了一段日子。本來他計畫再重讀俄文，但是發現俄文對他並無多大吸引力。那段時間，他宛如徘徊在十字路口，不禁感到徬徨迷惑。

「找不到人生的方向，我覺得日子實在索然無趣。後來，有一天在去買麵包的路上，我遇到當兵時與我同組的隊友。那次偶然的相遇改變了我的一生。

「他告訴我應該去學中文。就這麼簡短的一句話，卻電光石火的掃開了我的陰霾和疑慮。有一個聲音在心裡很清楚的對我說：我也要學中文。」

杜德橋用十分篤定的口吻說：「我很相信自己在那短短幾分鐘所作的決定。也許，就這樣憑空決定了我這一輩子要攻讀的方向，說起來有點難以置信，但人生本就有這麼多的機緣巧合吧！譬如我和廣東籍太太結合也是充滿傳奇性，那是在香港新亞書院時的事。我覺得，也許是內心早有某種準備，一旦遇到機緣的引發，便會如水到渠成般自然了。」

到香港求學，深入了解中國人的生活方式

在劍橋大學的三年課程並不能滿足好學不倦的杜德橋，他認為僅是上課、學一些翻譯的技巧，並不能真正切入中國文化的核心。由於中文系的課程只安排近代如魯迅、茅盾、胡適等五四作家的作品，以及古代的文言文等，而他覺得自己的閱讀及對話能力尚不佳，幾經思

索，便下定決心投考劍橋的中文研究所。

任教於劍橋的張心滄先生鼓勵他研究傳統小說和戲曲。由於當時沒有人做《西遊記》的比較研究，他便選擇了這部饒富趣味的作品。他很感激張心滄對他的鼓勵和指導，認為如果沒有這位良師的指點，他不會有今天的成就。

中、日文藏書豐富的劍橋圖書館，提供了優良的研究環境。他充滿感激地說：「這必須歸功於龍彼得教授，他大量的採購中日文書籍，使我們不必為找資料而大費周章。

「在劍橋待了一年，第二年我便申請到香港新亞研究所。一來因為想親自和中國人相處，實際接觸中國文化，二來則因為《新亞學報》頗具學術地位。至於為甚麼選擇香港，原因十分簡單，因為目前任教於劍橋大學的麥大維(David Mc Mullen)，當時是我的同窗好友，他決定去臺灣，我便到香港。

「那是一九六一至一九六四年間，我在新亞過得充實又快樂。每日和中國同學及學長共同生活、互相切磋，培養了深厚的情誼，直到現在，我們仍然時常聯絡。」

剛到香港的杜德橋，連一句完整的國語也無法組織起來。但幾個星期和中國同學的相處，耳濡目染之下，再加上原有的中文基礎以及辭彙，他很快的能和朋友們溝通，進步神速。

「當時我可以說完全處在中國人的生活圈子。住在香港人的家庭，朝夕相處的結果，使我真正深入瞭解了中國人的生活方式。我後來作漢學研究，許多觀念和思想都是在那段時間形成的。年輕人吸收能力強，易受影響，加上後來又有了中國女朋友，然後結婚，可說一直都和中國人相處，因此才能從不同角度去探討問題。

「尤其是結婚之後，我真正融入了中國人的社會。和太太的親戚朋友交往，受益的要比從資料上的漢學研究更多，那是真實的生活體會，十分新鮮、有趣。」

喜歡廣博而棄專精，是他一貫做學問的方法

杜德橋很敬仰中國文化，言談之間頗為自己因受西方生活習慣影響，不能完全融入中國社會而有所遺憾。不過他覺得自己的一生已算是十分幸運。

「好機會都像會自動走過來和我握手似的。我尚未得到博士學位，便申請到牛津大學講師的職位。以我才唸過六年中文的膚淺學歷，而能有這麼好的際遇，真的就只能用『幸運』來形容了。

「結婚之後，我和太太一起到了牛津，並且一住就是二十年。這段時間我同時也寫完了晚明小說以前的《西遊記》故事發展研究。所引用的資料包括戲劇、地方志、佛經等等。喜歡廣博而棄專精，是我一貫做學問的方法。

「在牛津我開唐代小說、傳奇等課程，也開始注意到文言文。一九七二到一九七三年，我曾攜家帶眷遷到耶魯大學。因為耶魯是著名的比較文學、評論的中心。這期間我參加了不少比較文學的討論會。可是我發現自己對文學批評和分析並不太感興趣，也就在這一年，我正式放棄了文學評論，改成以歷史學家的眼光和態度去閱讀文學作品。」

人生就是在這樣一種尋覓探索的過程中，不斷的有所發現和捨棄。對杜德橋而言，耶魯是他生命轉折的地方。就在那個時候，他的興趣轉移到佛學——研究觀音菩薩。

在印度本是男相的菩薩，傳到中國卻搖身一變而為女相，杜德橋儘管對這個轉變十分好奇，但他只把注意力集中在曲折離奇的妙善菩薩身上。

透過杜德橋說故事的生動描述，我們彷彿回到童年聽大人講古的時光。原來妙善本是公主出身，由於堅持修行，不肯出嫁而違逆父親的心意，以致把她驅逐出宮。她到香山唸佛修戒而成菩薩。得知父親病重之後，欲尋一無嗔之人犧牲眼睛和手給他吃了方能痊癒，於是捨己而救父。由於這樣的孝行感動了父親而能父女重圓，和好如初。

在收集相關資料時，他秉持一貫廣尋博採的態度，於離美返英的途中逗留香港、大陸、新加坡和馬來西亞的檳榔嶼，親自去參觀民間喪禮，而發現了有關這方面的零星材料。因此第一本書——《妙善傳說》，實際上是融入了民俗學、人類學等知識，搜索枯腸方寫成的。

其治學態度之嚴謹，於此可見一斑。

當這本書完成之後，他又開始將注意力轉移到唐代傳奇。儘管這是他大學時就接觸，而且也教授過的題目，但是他覺得自己的瞭解還十分膚淺，因此採用西方人研究莎士比亞的方法作地毯似的徹底考究。

「西方人研究莎士比亞的時候，會把故事緣起、人物分析、表演歷史全都詳加考察，並且找出最好的版本。在這些工作都完成之後寫成一篇詳細的序文。我就是用這種方式把三千字的《李娃傳》寫成一本兩百多頁的著作，其中包括了對本文的仔細分析、校勘，把語言特點、歷史背景逐一注釋。你可以用小題大作、微觀等字眼來形容這種鉅細靡遺的做學問原則。我覺得這就像科學家把切片放到高倍數顯微鏡觀察的實驗一般。」

《李娃傳》研究寫成時，適逢七〇年代中東石油危機，歐洲經濟受到了極大的波動，其中受影響最大的就是出版界，專門學術作品就更加無人願意出版了。幾經折騰，終於以牛津東方語言學系的名義出版，但是從排版到設計都是他自己一手處理，因此他格外的珍惜這本著作。

和中國淡泊名利的傳統學者一樣，杜德橋對名利看得很輕，因此當劍橋聘他回母校任教授一職時，他不禁有幾分猶豫。

「我們在牛津的日子過得非常安定，當講師最大的優點就是能心無旁騖的專心做研究，可是教授就必須兼行政工作和開會。但母校的邀請，我盛情難卻，所以我就決定仍舊把家人留在牛津，自己則在上課時趕到劍橋，其餘時間仍然留在牛津，如此過了四年。」

目前研究《太平廣記》，為其第四本著作

由於杜德橋的學術地位日高、聲譽愈隆，後來當選為英國學術院院士（其地位相當於臺灣的中央研究院院士），但常常往返倫敦開會，舟車勞頓，耗費不少時間和精力，致使研究工作受到影響。所以此番能在臺灣多逗留幾個星期，不必受外務的干擾，全心在中央研究院近代歷史研究所悠遊於學海之間，心情自是十分興奮。

這幾年臺灣的經濟起飛，間接的也對歐洲漢學界起了推波助瀾的作用。除了基金的供給，促進彼此的交流之外，也提供人力協助劍橋的中文圖書整理工作。此外，香港方面也出錢協助設立現代中國研究所，以近代中國的社會科學研究為主。

當詢及目前正在進行的研究項目時，他興致勃勃地說：「我正用一貫的顯微鏡法研究唐代的《太平廣記》和《廣異記》。《廣異記》有三百多個小故事。我企圖通過《新唐書》、唐詩、變文、佛經、筆記小說等材料，旁徵博引地找出當時的社會風貌。

「正統文學固然有其不可抹殺的文學價值，但那畢竟是屬於上層社會的生活面貌。志怪可就不同了。它就類似如今的社會新聞，是一般小老百姓的縮影，在一定程度上反映了當時的生活型態，十分有趣味。它將會是我的第四本著作。」

話題轉入尾聲，他感慨地說：「現在的學術環境比起六〇年代，實在是好多了。中國大陸自八〇年代開始投入大量人力去注釋、校勘古書，使得資料更形豐富，同時開放各種管道以資研究。人類學、文學批評、歷史學的新研究方法層出不窮。我希望吸取東西方的精華來充實漢學研究。在目前這樣良好的學術環境刺激之下，若能再像一九七三年實地到香港、馬來西亞、新加坡等地做田野調查，結合書本的理論，就會更加理想了。」

杜德橋意味深長地做了這個結論，同時，也給自己一份期許。從他堅定的語氣與沈穩的目光中，我們可以看出，他對漢學的未來充滿了希望和期待，就像一塊海棉，他正在學術的廣瀚大海裡汲取所需。透過實際的生活體驗、科學的方法和鍥而不捨的努力，他正一步步實現心目中的計畫。

在攀登學術高峰的路上，他的成就絕不僅如此，我們深深相信，並且拭目以待。

中華民國八十一年十月八日中央副刊

（郭惠煜／攝影）

關於米列娜

米列娜(Milena Doleželová)，生於捷克布拉格，畢業於布拉格的查爾斯大學，後以《諸宮調的研究》獲博士學位。一九五八年到北京的科學院文學研究所進修一年。蘇聯入侵捷克後，她到加拿大，目前任教於加拿大多倫多大學。學術專業以現代文學、古典小說為主，著有《詩學——東方與西方》，編有《從傳統到現代——十九至二十世紀轉折時期的中國小說》等書。

布拉格學派的大將

——捷克漢學家米列娜教授

「我的漢學之路，是從背誦中國古典詩詞開始的。」來自捷克布拉格的漢學家米列娜(Milena Doleželová)，如斯開門見山地說出了自己研究漢學的因緣。

五〇年代的布拉格是歐洲的漢學重鎮，特別是對當代中國文學而言。當時從事現代中國文學研究的先驅，亦即米列娜的老師——普實克(Prusek)，和年輕的魯迅、冰心、茅盾、郭沫若、巴金、鄭振鐸等人過從甚密，這引起了他研究現代文學的動機。

研究郭沫若與諸宮調，既通今又博古

和這群五四的年輕作家交往是始於三〇年代，普實克一直到一九四五年，在第二次世界大戰爆發後才正式成為布拉格的查爾斯大學(Charles University)的教授，是歐洲第一個對中國

現代文學有興趣的學者，對於尚未有漢學研究的布拉格而言，不啻也是一條十分新奇且大膽的學術走向。這位有遠見的學者當時並沒有學生願意拜在門下，直到一九四九年，中國大陸政局逆轉，引起了歐洲許多年輕人對中國文學的注意，才使得他在四〇年代就已譯成捷文的中國詩詞成為捷克年輕人爭相背誦的對象。

「我就是其中之一。當時普實克也翻譯《老殘遊記》、蒲松齡的《聊齋誌異》、明清話本等。他不但注重中國古典文學，也十分喜歡現代文學。因此能讓我把研究漢學當成一生事業，他是功不可沒的。」

她透露，普實克在一九四〇年就已為文大量介紹中國現代文學發展的狀況，「一九五〇年戰爭結束後，他回到中國和那一群俱已成長的作家老朋友相聚。他們並且協助他買了六萬本現代文學作品。這些書目前都在查爾斯圖書館，是儲藏現代文學最豐富的圖書館。」

她在一九五一年開始大學生涯後，便接觸這些作品，很自然的，她的畢業論文也和現代文學有關——《郭沫若的日記和自傳》。這是她漢學研究的起步。

「不過我的老師他所有的學生都是古典和現代文學雙向研究。只有我是唯一研究現代文學的異數。一九五五年畢業後，我進入布拉格的科學院東方研究所工作。普實克告訴我，他希望學生不但能通今，也能博古，因此希望我不要偏廢古典文學。他認為古今彼此有關聯，忽視任何一方面都無法對問題有更客觀和深入的瞭解。」

基於這種古今並重的觀點，她也開始重視古典文學，她的博士論文便是十三世紀的說唱文學——《諸宮調的研究》，文章後來譯成英文發表。

「一九五八年我到中國北京的科學院文學研究所繼續漢學研究生涯。當時所長是鄭振鐸。五七年他到捷克訪問時，透過老師普實克的從中引介，我成為他遊捷克的導遊。所以這年我到北京，他也盡地主之誼，請我住在他家，並在百忙之中帶領我到處玩，那的確是十分美好且有紀念價值的日子。他同時又是我的指導老師，以他在通俗文學的造詣和地位，領導我研究諸宮調。」

除夏志清外，她是第二個在加拿大講授現代文學

米列娜在中國待了一年之後回到捷克。一九六二年和從事文學批評工作的學者結婚（現已離異）。婚後她跟隨應聘到密西根大學教書的先生定居在美國。就是利用這五年的時間（一九六三～一九六八年），她把劉知遠的諸宮調譯成英文。

一九六八年她和先生帶著兩個稚幼的女兒回到捷克。九月蘇聯入侵，他們一家四口倉促間又在九月離開，輾轉到了加拿大。她先生任職於多倫多大學，而她則因老師的名氣也受邀

去講學。

米列娜十分爽朗，笑聲中不時流露出年輕人的活潑朝氣，尤其是她柔婉的語調，輔以清晰篤定的發音，謙虛中不失自信，一派學者溫文的風範，令人有如沐春風的感覺。當她談到任教於多倫多的經過時，更俏皮的說：「大概他們以為老師（指普實克）聰明，當學生的我應該也不笨吧！」語畢便開懷大笑，完全是個親切而平易近人的學者。

多倫多大學的學生對去過大陸作研究的米列娜十分有好感。由於教學生活平靜、愉快，她便一直在那裡任教到現在。

「我是第二個在加拿大講授現代文學的，第一個是在哥倫比亞大學的夏志清。在我的學生中，有部分是為了逃避越戰而到多大來唸書的美國孩子。他們十分優秀。我和他們組成小團體，專門研究晚清小說。一般人都以為現代文學應始於五四。我不認同這個觀點，時間應再往前推才對。

「當時並無人重視晚清的小說，因此我們的研究成果——《晚清小說論文集》交由加拿大的出版社出版時，大家都十分快慰。最近這本書也由北大譯成了中文。

「論文集出版後，學術界開始注意到我的研究成果。開始有人邀請我到美國參加座談會。大概過了兩年，我陸續發表了兩篇論文。其中一篇是關於整個晚清的文學，牽涉到戲曲、詩歌、語言各方面，並不侷限於小說。另外一篇則是探討魯迅的〈藥〉。自此我開始研究魯迅，但因婚姻開始出現問題，一直到現在我無法對魯迅作完整的研究。」

米列娜在一九八五年離婚，她一點也不介意談到自己那段不愉快的生活，反而笑嘻嘻的說：「現在我已經十分適應單身生活，而且還過得很充實呢！」看她一臉陽光般的笑意，此言應不假，也許漢學研究補償了生活不完美的一面，而給予她心靈和精神上的滋潤吧！

古典小說中的評點、眉批，並非一般讀書筆記而已

果然，接下來她馬上回到關於學術生涯的話題：「我現在有兩個十分傑出的學生。說起來也是因緣巧合。鄭振鐸老師飛機失事過世之後，由著名的戲曲專家吳曉鈴當我的指導老師。目前這個學生正是吳老師的女兒。」人生的機緣，命運的曲折離奇，實在令米列娜不知如何解釋，她笑意盎然的說：「這也許是上天讓我有機會報答吳老師的教導之恩吧！」

她還透露，這個學生已高齡八十幾歲，比她的年紀還大，但孜孜不倦的學習精神和年輕人相比是不遑多讓的，目前她正從事王實甫和關漢卿的元雜劇研究。另外一個令她引以為傲的學生則是英國人。

師生三人一起找出清初的《三國演義》和《金瓶梅》的原版本，這兩本書裡有金聖嘆、

張竹坡、毛宗崗的評點，包括讀法、序、眉批以及每一回的小序等。米列娜認為這些並非一般的讀書筆記，它們的意義實際上已跨入小說理論的範疇裡。這三人雖都是住在素有文化中心之稱的蘇州，但因時代的先後有異，彼此並不相識。可是，也許與整個時代環境有關，他們理論的觀點都不約而同的受到王陽明的心學、朱熹學說乃至明清畫家、如王原祁等人的影響。

「他們利用這些雜沓的思想去分析小說，再加上自己主觀的看法，以十分活潑有趣的語言來建立獨特的理論，我覺得非常可取。

「他們認為這些書並非只是給一般人看的通俗小說，反將之抬高到文章的地位，賦予非常崇高的價值，改變了一般人對小說的看法。現在我們看到的這三本小說，實際上並非完全出自原作者之手，而是經這三人改寫過的，裡面加入了大量批評者的看法。

「胡適不瞭解這些標點（實際上是批評理論的雛形）的含意，而以西方小說的角度來看待這些其實很有研究價值的觀點，認為不應該在小說裡面羼入小說內容以外的看法，因此他介紹出版商出版時，便建議把它們去除，以致現在的讀者也不清楚小說情節在何處曾有改動，若非我們看到原版本，也會一直蒙在鼓裡。所以大家現在所讀的不是十四世紀的小說，而是十七世紀；這三人學朱熹標點四書一般，也在小說裡作了眉批。」

米列娜準備把小說和畫家的理論作一繫聯，寫成《十七世紀的畫家理論比較》。因為她發現古代的畫家常用俯瞰法作畫，其技巧角度和小說有相通之處。甚至歐洲現在所謂的電影技術，很多也來自中國古代。

中國小說重視「對相」，這是和西方小說最大的差異

她一再強調，中國的小說十分重視「對相」，這是和西方小說差異最大的地方。西方小說人物的生命是一直往前發展的，無所謂迴旋的觀念，同時命運扮演著很重要的角色。至於中國小說人物在每一回看似無甚重大關聯，線索也不很明白清楚，而實際上我們總在後面的章回裡可以發現人物的相對性。也就是說，中國小說必須在整本看完之後，細細回味，把每一回之間的脈絡加以聯繫，也即她所謂的「對相」，這樣才能真正欣賞其精粹，所以西方讀者很難瞭解中國的小說，關鍵就在「對相」的問題。

中國人向來講求「對襯」，喜歡成雙，這樣的想法自然地表現在中國式建築以及生活習慣上。「中國人連買杯子等生活細節，也會不知不覺用『雙』的傳統觀念，而買一對或成雙，可見小說的『對相』表現技巧絕不是偶然的。」米列娜甚至從中國人的生活文化上去考究小說技巧的源流，足見其用心之細膩和態度之認真。然而其輕鬆的笑語卻又讓人覺得做學問並

非一件高不可攀的事業，而是和生活一樣，只要用心去經營，同樣可令人得到喜悅。

「普實克老師已經過世，不過我和同學的研究已略具成果，學術界稱為布拉格學派，專門研究中國現代文學。若非蘇聯入侵，破壞了學術的發展，導致許多有才華魄力的同學失去研究機會，相信現在應該會更加蓬勃。

「如今這個研究方向已慢慢建立，也有很多的年輕捷克學生繼承老師的學術事業，這個發展令我感到欣慰、振奮。」

米列娜的臉上充滿對漢學研究的希望，那股熱忱和耐心正是每一個成功的學者所不可或缺的必備條件，生活上種種悲喜憂歡，想必都比不上學術研究能令她如此投注和專心，如斯一往情深吧！

寂寞的漢學研究，對米列娜來說，因著這一路上執著不渝的採拾與耕耘，反而有著繽紛清麗的無限風光，她快樂、篤實地步步走來，也將以更大的信心與喜悅，向前走去。

中華民國八十一年十一月二日中央副刊

（艾梅里／提供）

關於艾梅里

艾梅里(Martine Hémery)，擔任法國巴黎第七大學中文系教授多年，是法國研究、翻譯中國現代文學的專家。尤其是將商禽、鄭愁予等人的詩作譯成法文發表，被國內許多詩人引為知音。除博士論文《袁宏道之文學理論與實踐》外，尚編譯有冒辟疆的《影梅庵憶語》、袁宏道小品選集《雲彩與石頭》、《從文學革命到革命文學》等書。

禮拜天的翻譯者

——法國漢學家艾梅里教授

初見艾梅里的那天，正午陽光猶存秋老虎的餘威，臺北街頭鬱鬱悶悶地有股熱氣當頭罩下，人、車往來彷彿都極其自然地帶著一絲慵懶，打不起精神來。而她給我的第一個印象，也是如此，單薄、削瘦，一頭短髮，寬鬆的便裝，靦腆的微笑，讓人覺得她有意要隱藏在這熙攘的街景中，安安靜靜地旁觀這個世界。

然而，很快地我就發現這是不對的直覺，當她開始用流利的中文與我寒暄、並且大步走起路來時。我陪她從南昌路下榻的旅館步行到中副主編梅新先生位於師大路口的家前，曾多次遊說她搭車前往，但她一再搖頭，不斷地對我說，她喜歡走路，非常喜歡。

「走路是我認識生活環境最好的方式，」她開心地解釋：「我去過大陸多次，即使是在雲南鄉下，我也一樣走路，可以真實而深刻地去看看人民的生活。」

研究中國現代文學，將商禽、鄭愁予詩作譯成法文發表

二十分鐘的腳程，她始終神采奕奕，「馬不停蹄」，一面揮動豐富的手勢，一面快步疾走，好幾次接了她的話頭正欲回答之際，她已超前幾步，我不得不「快馬加鞭」趕上，如此一路追談下來，不禁令人氣喘冒汗，但她依然一副悠哉神情，自在而得意。看來，走路雖是人的本能，她似乎已將這本能發揮得淋漓盡致。

在梅新家中坐下，殷勤待客的張素貞老師已備妥了咖啡、茶點及水果，聽完我的「抱怨」，張老師也有同感地說，上次和她一起逛街時就已發現了，她走路真快！大家會心地笑了起來，她也開心地跟著大笑，臉上微微有些赧然。

大概是浸潤在咖啡騰熱的香氣裡吧，燥急的心情很快就沈澱下來，一路追趕之後，也該歇歇腿、說說話了。氣氛當然是輕鬆、家常的，但話題卻有些嚴肅，因為艾梅里女士擔任法國巴黎第七大學中文學系教授已有多年，而且是法國研究、翻譯中國現代文學的專家，對漢學在法國的發揚有其一定的貢獻，尤其是將商禽、鄭愁予等人的詩作譯成法文發表，更被國內許多詩人引為知音，因此，自然對她油生幾分敬重之意。

敬重之餘，我們最好奇的是她如何開始接觸中文，並進而以漢學研究為職志？對這一點，

艾梅里淡淡地回答說，她接觸文學是極其自然的事，因為她的先生是研究德國文學的專家，曾翻譯一些德國的詩及尼采作品為法文，因此家裡的文學氣氛一直很濃厚。「原本我對德國文學也有興趣，但後來我想學習歐洲以外的文化，於是從一九六〇年開始，我一面在中學教書，一面學習中文。」

在北京住一年半，卻無法與大陸百姓自由接觸

後來，她與丈夫同時申請到大陸，在北京住了一年半。她丈夫在「中國語言學院」教法文，她則在「外文局」上班，負責將一些中國文學作品譯為法文。這一年半的經歷固然讓她學習不少，但她仍覺十分失望，因為當時正值文化大革命初期，政治氣氛緊張，對外國人管制較嚴，原本想到大陸學習語言的艾梅里，因為一般百姓不准與外國人接觸而喪失良機。

「目前人在巴黎的熊秉明教授，他父親是知名的數學家，在大陸時，他父親請我們去家中吃飯，但卻告訴我們，另外又請了一位先生，那人是中共幹部，因此他父親一頓飯下來，總是說些客套話，不敢講內心的真話。在這種情況下，如何學好中文?記得有一次，我聽說承德風景很美，想申請去旅行，結果中共幹部勸阻說，承德這個地方，國民黨時代有，現在已經沒有了。我告訴他們一定有，於是他們又找藉口說，那裡沒有外國人住的旅館，而且火

車也不駛經承德，我說沒關係，一定要去。兩週後，他們就直截了當地告訴我們：外國人不准去！」

艾梅里無奈地笑了一下，隨即又補充說：「我在北京生了一個兒子，請保母照顧，幸虧有這位保母，從她口中我才知道文革期間大陸百姓生活的悲慘，例如生病就醫免費，我以為所有人皆如此，後來才知道是外國人免費，中國人則要錢。類似這些真相，都是保母告訴我的，我至今仍十分欽佩她的膽識。」

在北京期間，她就開始嘗試翻譯中國作品為法文，不過只能翻譯中共提供的材料，不能自己做主。例如電影劇本《農奴》等。此外，她也翻譯現代短篇小說，而且是直接由中文譯成法文，不透過英譯本。

回到法國後，她開始自己搜尋資料編選，並與當地出版社合作，從五四運動時期作品開始翻譯，最後出版《從文學革命到革命文學——一九一八至一九四二》一書，內收魯迅、巴金、茅盾、郁達夫、李廣田等人的短篇小說作品。這本書的問世，使得法國文學界第一次有系統地認識中國現代文學的發展概況。

因喜歡一首〈長頸鹿〉詩，進而翻譯商禽詩作一百多首

除了小說，艾梅里也翻譯臺灣的現代詩。她第一首翻譯的中文詩是商禽的詩。一九七六年時，她來臺搜集資料，認識了一些臺灣作家，因為教書、研究工作太忙，她無法再翻譯小說，遂改為翻譯新詩。

「時間的限制，使我放棄小說翻譯，雖然詩也不好翻譯，但可以慢慢斟酌，較自由。」艾梅里笑稱自己是「業餘翻譯家」，因為在法國有很多不賣畫的業餘畫家，被稱為「禮拜天畫家」，她覺得自己也是「禮拜天的翻譯者」。不過，在中學教書時是業餘，在大學翻譯古典文學則是研究，她表示自己只喜歡翻譯，不喜歡研究，因為通常的「研究」都是在考證上打轉，而她非常不喜歡考證。

在翻譯新詩的過程中，她個人對商禽的作品格外偏愛，今年九月，商禽的詩集法文版問世，就是她的翻譯成果。提起這一段結緣的經過，主要是肇因於胡品清曾翻譯幾首詩發表在法國的詩刊上，艾梅里看到商禽的〈長頸鹿〉一詩十分喜愛，就想找他的詩集來看，因此於一九七六年到臺灣來，輾轉打聽到他，商禽頗為感動，將詩集送她，返回法國後，她就譯了二十幾首發表在詩刊上。一九八八年，商禽詩集《用腳思想》出版，寄去給她，於是又譯了

一些，前後一共譯了一百二十多首。這次法文版只選了二十幾首，但在法國要出版詩集不易的條件下，已很難得。

正在談論商禽作品的時候，商禽突然就出現了，他的出現令艾梅里微感驚訝，但立即又開心地笑起來。原來梅新曾告訴他將進行這次採訪，因此他特地趕來，並告訴艾梅里已將法文版詩集寄給馬悅然教授。事實上，商禽的詩作在去年五月曾出版瑞典文譯本，譯者正是國際著名的漢學家馬悅然，書名是《冷藏的火把》，而馬悅然以英文譯的商禽詩集，也將在倫敦桔槔出版社出版。商禽的作品能踏上國際文學舞臺，馬悅然與艾梅里兩人功不可沒。

目前計畫研究清言之類作品，尤其偏愛《菜根譚》、《幽夢影》

這次她短暫來臺搜尋資料，商禽就曾盡地主之誼，陪她四處查看，由於她目前計畫研究清言、格言之類的作品，如《菜根譚》、《醉古堂劍掃》、《幽夢影》等，或研究或翻譯，因此，商禽和她一起到中央圖書館、故宮去看《菜根譚》善本。「那是滿漢對譯的本子，中文很美，但不知譯成法文會如何？」艾梅里打趣地說：「我經常是唸一篇文章就知道自己喜不喜歡，像商禽的詩，我只看一首〈長頸鹿〉，就很想看他的詩集；我也從一部選集中讀到袁宏道的一、二篇文章，就喜歡上這位作家。想研究《菜根譚》的動機也是如此，一點都不科學。」

大家都笑了起來。她的開朗與豐富的表情變化，使氣氛融洽、活潑不少。隨後她又好奇地提出一個有趣的看法，她說，貓這種動物，獨立性強，她很喜愛，而商禽、梅新的詩中都曾以貓為題材，字裡行間似乎並不喜歡貓？梅新點頭回答稱是，商禽也表示並不喜歡，不過他的太太、女兒則喜歡，家中養的貓是顏崑陽送的，已經有十幾年了。

閒聊的話題持續了一陣，不久又回到文學研究的正題。艾梅里提到她偏愛閱讀遊記作品，不過，她覺得蘇軾的〈赤壁賦〉、柳宗元的山水文學、袁宏道的小品，都不能算是真正的遊記作品，「風景並不一定只是山水，風景的形式並不如此單純，它是動態的變化，不是靜態的呈現而已，對這一點，我極感興趣，並經常思索。」

艾梅里的漢學研究歷程是先從現代文學入手，再接觸古典文學。她除了曾翻譯冒辟疆的《影梅庵憶語》外，博士論文《袁宏道之文學理論與實踐》已正式出版，後來又緊接著翻譯了一部袁宏道小品選集，書名是《雲彩與石頭》。這番努力與因緣，她走上了研究明清小品的道路，並愉快地做一個在秀麗風景中流連忘返的採擷者。

日文已取代中文，成為法國大學東亞語文系中規模最大者

這些翻譯成果，都是她在繁忙的教學工作之餘點滴累積而成。在巴黎第七大學，她目前

有四門課：二年級教語言；三年級教古典文學，主要是從魏晉六朝志怪到《紅樓夢》的小說作品選讀；四年級則教古文以及翻譯課。

對目前法國中文的發展狀況，艾梅里簡單地介紹說：「中文在法國的中學是屬第三外國語，而且是選修課，學生都馬馬虎虎，考試也不嚴格，只能大略說一些句子。全法國有二十五所中學有教授中文。初期學生都喜歡讀希臘文、拉丁文，現在較少，大都學俄文、日文、中文、西班牙文、阿拉伯文等。以前大學的東亞語文系以中文系規模最大，現在則是日文系，這大概是以商業貿易為著眼點吧！」

雖然如此，艾梅里對中文的熱愛絲毫未受影響，相反的，她投注了更多的時間與心力在中國文學的鑽研與譯介上，這一趟千里迢迢來臺搜集《菜根譚》資料，就是最好的說明。因為一首商禽的詩，她認識了臺灣的許多詩人，建立了深厚的情誼，也更貼近了她嚮往中的文學世界。也許，正如她所言，這不是科學的態度，但是又何妨呢？

二十多年的漢學研究之路，本就是一段漫長而寂寞的旅程，她步步走來，雖然緩慢，但踏實而安然。一些譯介作品與研究著作的成果，對中法漢學的交流也有著不容忽視的影響。令我不解的是，對照她平時走路的快步如飛，何以能在這條路上持續不輟地跋涉至今，且甘於如此一字一句的斟酌再三呢？

這大概也無法用科學的態度來解釋吧！

中華民國八十一年十二月十四日中央副刊

（郭惠煜／攝影）

關於王俊逸

王俊逸(Vamos Peter)，一九六九年生於匈牙利布達佩斯，一九八七年入羅蘭大學中文系就讀，九四年入匈牙利科學院東方研究所攻讀博士，是匈牙利備受矚目的年輕漢學家，並任教於羅蘭大學中文系及佛教學院。著有《中國的保健醫療方法：氣功的概念、理論與實踐》等書。

從氣功到傳教士

——匈牙利漢學家王俊逸的研究心路

對我們來說，匈牙利是一個遙遠的東歐國度，雖然從一九九〇年起，臺北辦事處已於布達佩斯設立，是我國在東歐所設立的第一個辦事處，而且國人赴匈旅行的人數也日漸增多，透過經濟貿易與文化上的交流，原本神秘的面紗已逐漸掀開，但我們對它的了解實在不深，尤其在漢學研究方面，更是完全陌生。除了在敦煌文物史上赫赫有名的斯坦因外，我們幾乎不認識一個匈牙利的學者。

然而，它卻是一個值得深入閱讀的國家。尤其，它的身世「似乎」與中國有著極其密切的淵源。對這一點，目前執教於匈牙利布達佩斯羅蘭大學中文系的王俊逸(Vamos Peter)說，匈牙利的「匈」字，很多人認為與匈奴有關，甚至有些匈牙利的東方研究者主張，匈牙利人是來自於中國。當然，這個看法與徐福東渡日本的傳說一樣，已成為一道有趣卻也難解的歷史課題。

假如這是極其可能的民族大遷徙，那麼，我們對這個國家實在有必要重新認識。

在匈牙利研究中文非羅蘭大學莫屬

「最有名的匈牙利人應該是二十世紀初的斯坦因，他死後將藏書全部捐贈給匈牙利科學院，所以現在圖書館的東亞圖書陳列室中，絕大部分的圖書是他捐贈的。」王俊逸介紹匈牙利有關漢學研究的歷史說：「後來，有一語言學家Ligeti Lajos，他於三〇年代到蒙古研究該地的喇嘛教，回國後，他體認到如果要了解中亞民族的歷史，不可不學中文，於是，他開始培養年輕的漢學研究者。目前在羅蘭大學中文系教書的學者，大多是他所培養學生的下一代。」

到目前為止，匈牙利的大學中僅有羅蘭大學設置了中文系，原本有一私立學校也有此計畫，但限於經費並未成功。因此，要研究中文，非羅蘭大學莫屬。雖然，外貿學院也教一些中文，但其目的是貿易，不像羅蘭大學以發展漢學研究為重心。王俊逸補充說，目前該系共有十位教師，如剛退休的中文系主任高恩德(Galla Endre)是研究魯迅的專家；有一位教授陳國(Csongor Barnabas)已將全本《西遊記》譯成匈文，因其他外文譯本都是節譯而已，他的譯本可說是舉世最完整者，而且目前正在翻譯《紅樓夢》，完全直接自中文譯成。這些嫻熟中文、專精研究的傑出師資，可說是該系之所以成為匈國漢學研究重鎮的主要原因。

羅蘭大學中文系約成立於四〇年代初。匈牙利因與中共同是共產國家，一九四九年以後關係較佳，五〇年時匈牙利政府即派有留學生到北京學習文學、歷史、美術史等專業，每年一、二名，返國後在大學任教。一直到六〇年代，每年都有二、三人到大陸留學。文革期間全部中斷，一九八五年起恢復交流，有機會再派學生到大陸。一九九二年起，匈牙利學生也可到臺灣。由於可以自由地在大陸、臺灣學習，漢學研究風氣遂逐漸開展。

「以前中文系招收十名學生，但一、二個月後，有人就因興趣不合而轉系，故每年僅二、三人畢業，」王俊逸解釋說：「現在則不同了，因在匈之中國人日益增多，學習中文的機會也比較多，因此入學招生時已要求學生必須會說簡單的中文，每年只招收六人，而這六人通常也都會畢業。」

對於該系的課程，王俊逸簡單地說明道：「我們的課程主要有古代漢語、現代漢語、古代歷史、近代歷史、古代文學史、近代文學史、中國哲學史、美術史及《水滸傳》、《紅樓夢》等許多專書。我自己教的是現代漢語課程。其中有一門課原本以讀中文報刊為主，這學期則嘗試由學生輪流報告的方式，結果效果極好，出乎我的意料。起初由我先示範教學，例如我想介紹有關萬里長城的歷史，於是就從《史記》中找出〈匈奴列傳〉、〈蒙恬列傳〉二文，由我譯成匈文，和他們一起討論，使他們能一面學文言文，一面了解文史知識。後來，學生們陸續翻譯了《聊齋》中的一些鬼故事、三字經、唐詩宋詞等，其中有一位挑選了匈牙利十七世紀的兵學家，以其古代匈文的語法來翻譯《孫子兵法》，非常富有創意。」

一九六九年出生於布達佩斯的王俊逸，年僅二十六歲，雖然年輕，卻有著豐富而生動的教學技巧，甚受學生歡迎，提起這些學生主動而活潑的學習情緒，他自己也不禁有幾分欣慰的激動。那神情像極了一個大孩子，單純而充滿著自信。

母親說韓國的趣事，引起他對東方的嚮往

王俊逸會走上漢學研究的道路，和他母親從事觀光導遊的工作有關。一九八〇年時，他母親帶團赴韓國旅行，回來後對他說了很多東方的趣事，令當時才十一歲的王俊逸心生無限的嚮往，於是決定將來做的事一定要與亞洲有關。他在讀中學時就跟一位老師學習韓文一年多，之後又跟一位羅蘭大學中文系的老師學了三年。王俊逸回憶道，那位老師告訴他，若要真正學會韓文，一定要懂中文，於是他轉而報考中文系，於一九八七年進了羅蘭大學。

「我們小、中學的課程中，極少介紹有關亞洲的歷史、文學，我的韓文完全是自修。中學時有一種競賽制度，前十名可免試升大學。我在俄文、中文這兩個專業中，考進俄文組的

前十名，得以保送進俄文系，但我後來仍放棄，決定以中文系為主。」精通中、英、韓、俄、法、德、拉丁文等多國外語的王俊逸，對語言有其特殊的天分，他在大一時隨俄文系同學到列寧格勒三個月，密集學習俄文，而沒有正常地學習中文課程，回國後，系方要求他必須參加期末測驗，以便決定其程度是否通過。他當時正好和家人一起到德國度假二週，於是他每天加緊練習，利用十四天時間趕完十四週的進度，結果，他的成績反而是最好的。

「也許是母親的語言天分遺傳給我吧？她當了三十幾年導遊，英、德、俄及斯拉夫語系的語言她都會。」王俊逸笑著說。

經過兩年的學習，他在大三時赴北京語言學院學習一年中文，以語言為主。回國後，系方表示他在外國的一年學習不算正式課程，仍必須修完五年中文系的課才行。經過他向校長申請，准他以一年時間修兩年的課，於是他於一九九二年正常地畢業。

學一指禪，以中國氣功為畢業論文

在匈牙利的大學，必須同時修兩種不同的專業，而且授予兩種學位，視同碩士，可直接報考博士班。從北京返國後的王俊逸，決定放棄俄文專業，改轉歷史專業，因為他對中國歷史產生了濃厚的興趣。

「我的中文專業的畢業論文寫的是氣功，因為我在北京時，跟一位氣功師父溫中由先生學氣功，不僅練習動作技巧，也對理論產生興趣，買了不少這方面的書來研究，因此我的論文寫的是《中國的保健醫療方法：氣功的概念、理論與實踐》。」他進一步解釋說：「我學的是佛教的一指禪，將功力集中於手指頭，可以發功，也可以治病。但我回國後，找不到適合的氣功師父，因為沒有老師控制我的動作，容易走火入魔，不敢自己一個人練，因此現在已退步了。我寫了很多邀請信，想請師父到匈牙利來，但中國政府一直不批准。」

他這本新穎獨特的畢業論文完成後，匈牙利的《東方研究》雜誌很感興趣，並決定出版。

至於歷史專業的畢業論文，他倒是胸有成竹地不急著提出，至今依然保持著學生的身分。一九九四年，他考進匈牙利科學院東方研究所博士班，開始一面讀書，一面翻譯作品、製作廣播節目，偶而還客串一下導遊。忙碌的生活，並未使他疏忽了研究，他目前正在努力研究匈牙利傳教士的歷史，為他的博士論文《匈牙利傳教士在中國——以耶穌會為主》作準備工夫，預計九七年完成。而他將以博士論文的一部分，即匈牙利傳教士在大陸時期的歷史為其歷史專業的畢業論文。

大學畢業那一年，他得到我國教育部的獎學金，於一九九三年八月至一九九四年三月，在臺灣師大國語中心進修半年。在臺的那半年，他才知道有匈牙利傳教士在臺灣，這引起了他高度的興趣。

「當時共有六位傳教士，分別住在輔仁大學、竹東、嘉義、朴子、高雄等地。我一面讀書，一面研究他們的歷史，找到不少資料，還有他們的著作。由於我父親在匈牙利國家廣播電臺工作，負責檔案資料，也製作節目，於是我採訪了這六位傳教士，將錄音帶寄給我父親，而製作了一個有關的節目播出。」

半年後，他又獲得英國的獎學金，到倫敦亞非學院歷史系研究。在英半年中，他特地去舉世聞名的李約瑟研究所旁聽，因為那是全世界唯一研究中國科技歷史的學術單位，他對此也感興趣。李約瑟曾對他表示，希望能看到他撰寫的有關氣功的論文，可惜尚未出版，李約瑟已過世而無緣見到了。

在倫敦時，他的研究主要有三方面：一是氣功；二是傳教士的歷史，因為亞非學院圖書館中的資料很多，從利瑪竇起，有關耶穌會或其他修士會的歷史資料極為豐富，對其研究大有助益；三是有關長城的研究。「我有個計畫，想沿著長城步行一遍，」王俊逸興致勃勃地談起這個醞釀已久的心願：「為了這個計畫，我在倫敦即開始搜集資料。目前在匈牙利已找到經費贊助，也組成一個小團體，進行各項準備工作。但是因大陸辦手續不容易，原擬今年六月底到十月初，從嘉峪關走到山海關，最後仍不能成行。」他有些遺憾地表示，這其實是一結合了運動性、宣傳性、科學性的活動，因為他也將同時拍攝紀錄片，製成廣播節目，但現在卻似乎擱淺了。

傳教士不僅編辭典還學閩南語

長城計畫雖進行得不順利，但有關匈牙利傳教士在臺灣活動的研究卻頗有心得。他詳細地談起這兩年來的研究過程說：「我特地去了一趟羅馬，因為那裡有很多耶穌會的檔案。在臺灣時則去過中研院、國史館、中央圖書館等機構，雖然有關匈牙利傳教士的書很少，但一些相關背景的資料，對我還是有幫助。這裡有一個『利氏學會』，由耶穌會神父組成，他們長期研究中國的宗教，對我的研究頗有啟發作用。」

這些傳教士雖然是外國人，但長期的耳濡目染，已有中國人的習性，這種文化上的相互影響，是他所關注的課題。匈牙利傳教士早期來到中國，主要是集中在河北省大名縣，約有五十多人，從一九二二年起，至一九四九年之間，他們陸續離開中國，分散到香港、澳門、日本、菲律賓、美國、澳洲，有的則到了臺灣。目前在臺的匈牙利傳教士有六位，其中有一位是輔大法文研究所所長趙德恕，他是聖言會而非耶穌會的傳教士，其他均屬耶穌會。這六人皆已入中國籍，最長者是輔大的雷修士，已九十歲，最年輕的是八十一歲，他們在中國至少都已度過六十個年頭。

對這些畢生奉獻於信仰事業的傳教士，王俊逸內心有一股自然而真誠的敬意，尤其是遠自匈國來到臺灣，他對這些人更有著血濃於水的民族情感。由於傳教上的需要，這些傳教士也擔負起文化交流的使命，編寫辭典即是其中一項最重要的基礎工作。他說，這些傳教士計畫陸續編寫匈文、拉丁文、法文、西班牙文、英文等五種語言與中文互譯的辭典，其中西班牙文、法文本已出版；英文版因已很普遍，故決定放棄；拉丁文部分則已編了一小冊的神學辭典；匈文部分則有一神父完成，但因匈國方面認為銷量有限，至今未能出版，反而在臺灣已出版中文/匈牙利文的翻譯辭典。

除了編辭典，這些傳教士更對這塊土地付出了他們的愛心與智慧，王俊逸對他們的活動所知愈多，內心的敬意便愈深，他說：「在一九五四年時，大約有二十幾位傳教士集中在嘉義朴子，後來逐漸分開。例如現在輔大法學院的雷修士，是一木匠，輔大有許多建築即是由他設計蓋成的，雖已九十歲，身體仍很健朗，只是稍微重聽而已；同在輔大的趙德恕，會說二十幾種語言，也會寫詩，是『中國詩人學會』的會員，還學會了一些原住民的語言；朴子有一修士，開了一家醫院，照顧偏遠民眾；住高雄那一位則因健康欠佳，住進輔大的療養院，他傳教時都說閩南語；在嘉義的傳教士，一面傳教，一面教數學、英文、音樂，經常在教堂擔任聖樂伴奏工作，目前已出版了三本曲譜，音樂造詣很高；至於住在竹東的傳教士，他在五〇年代時發現臺灣缺乏特殊教育的觀念，遂建立了一些專門收容殘疾、智障小孩的學校，起初並未獲得政府補助，後來覺得這是極有意義的工作，政府就撥款興建樓房。像這些傳教士，都是默默行善，樂天知命，他們在中國六十多年，中國早已成為他們的故鄉了。」

也許，就因為這些傳教士，使我們對這個遙遠的國家有了一份親近的情感，原本只是地理課本、新聞媒體上模糊的名詞，也一下子變得具體而清晰起來。對王俊逸來說，研究這個課題，不僅是為了學位論文，更是一份責無旁貸的情感吧！

匈牙利雖小卻也有大學者

談話至此，已近兩個鐘頭，他依然神采奕奕地談他的氣功、長城與傳教士研究，對在羅蘭大學中文系及佛教學院教書的他來說，能多介紹一下自己國家的文化總是義不容辭、而毫不覺得疲倦，他總是說：「匈牙利雖然小，但也有像斯坦因、Korosi Csoma 這些舉世聞名的大學者。」

他察覺出我對Korosi Csoma 的陌生，於是他又熱切地解釋說：「他在十九世紀時，到新疆一帶尋找匈牙利人的發源地，途經伊朗、印度、西藏。在西藏時，他停留了一段長時間，學習藏語，並編了第一本英語／西藏語的辭典，奠定了藏學研究的基礎，因此，目前羅蘭大學設有Korosi Csoma學會，並發行《東方研究》雜誌(*Keletku Tatas*)，刊登以匈文發表的學術性文章。」

目前在匈牙利有關漢學研究的刊物很少，由科學院發行的*Actaorien Talia*雜誌，是最重要的一份學術刊物，必須以外文發表，有書評、史料等，多是東方學的文章，包括漢學在內。《東方研究》雜誌與之相比，較偏向宣傳性，文字也較淺近通俗。除此之外，因為現在到匈牙利定居或通商的中國人愈來愈多（主要是來自中國大陸），他們和匈人合作，也以匈文出版了一些刊物如《*Kelet*》（東方）等，但主要內容是介紹現代中國的政治、經濟與社會發展。

「刊物很少，漢學家也不多。」王俊逸聳聳肩，看似輕鬆，卻是幾分心急地作了這個簡單的結論。當然，他還是會說：「匈牙利很小，不過也有大學者。」看來，他對自己走上寂寞的漢學之路不僅沒有一絲後悔，反而有著很高的自我期許。從中國氣功到傳教士在中國，他已經逐漸走入中國文化的領域中。

「也許有一天，你也會像那些傳教士一樣，喜歡上中國，甚至以中國為自己的故鄉。」

「也許，我很希望如此。」他聳聳肩，笑著對我說。

中華民國八十四年八月九日中央副刊

（郭惠煜／攝影）

關於高利克

馬立安・高利克(Marian Galik)，一九三三年生於斯洛伐克。一九五八年畢業於查爾斯大學，隨後赴北京大學進修兩年，返國後進斯洛伐克科學院東方研究所工作，一九六六年獲博士學位，一九八五年獲得「大博士」殊榮，為該國目前最重要的漢學家。

重要著作有《茅盾與現代文學批評》、《現代中國文學批評史的誕生：一九一七至一九三〇》、《中西文學關係的里程碑》等，另有論文百餘篇。

高老先生兩塊地

——斯洛伐克漢學家高利克教授

一九一八年，原屬匈牙利的斯洛伐克併入了捷克，一九九三年一月，她獨立成東歐版圖中的一個小國，人口只有五百萬。對這樣的一個小國家，我們實在感到很陌生，更別提對這個國家的漢學研究有所了解。甚至於，我們會不禁懷疑，這個國家有漢學嗎？

答案是有的。而讓我明白自己的懷疑是可笑之舉的是來自斯洛伐克科學院東方研究所的馬立安・高利克(Marian Galik)教授。

普實克揭開了歐洲新漢學的第一頁

「我是漢學的老頭。在斯洛伐克，我是最老的漢學家。」高利克很風趣地自我介紹，而在我的閱讀、理解中，稱他為該國當今最重要的漢學家並不為過。在斯國，只有位於首都布拉迪斯拉發(Bratislava)的Comenius University 設有漢學系，而且是一九八八年才設立，學生共有十七位，目前有四位正在北京語言學院學習。除了一位高利克的學生及另一位來自大陸的師資外，其他的老師都是從東方研究所借調來兼課的。高利克就是其中重要的一位。今年六十三歲的高利克解釋說，即使是在布拉格，也只有兩所大學有漢學系，因此，他很盼望這些學生畢業後，情況能得到改善。

一九三三年出生於布拉迪斯拉發附近的小村Igram 的高利克，父母都是農民。一九五三年他考進布拉格著名的查爾斯大學(Charles University)就讀，這是歐洲最古老的大學之一。不久，他選擇了漢學及遠東歷史為專業。「我對中國有一種嚮往。」高利克說明自己當時的決定：「斯洛伐克沒有東方學專家，而我覺得在亞洲，中國是很重要的國家，有悠久的歷史、偉大的文學與哲學，因此我對漢學產生了興趣。當時在布拉格有不少來自大陸的留學生，我和兩位中國留學生住在一起四年，學會了說中文。」

雖然遠東歷史也是他的專業之一，但也許是性情使然，他往後的研究之路幾乎都集中在文學與哲學，對於史學，僅發表過兩篇有關絲綢之路的論文而已。大學五年的訓練，他得自於老師普實克(Jaroslav Prusek)的啟發最大。普實克曾任捷克斯洛伐克科學院東方研究所的所長，在他的領導下，東方研究所突破了只注重中國古代文化研究的封閉式歐洲傳統漢學，開始重視中國現狀研究並在國際文化格局中研究中國，揭開了歐洲新漢學的第一頁。普實克曾於一九三二年至一九三四年間在北大學習，和許多中國作家、學者建立了密切的關係，如冰心、茅盾、沈從文、鄭振鐸等，這對高利克在中國現代文學的研究上提供了莫大的助益。

「我於一九五八至一九六〇年間，也前往北大學習，專修中國現代文學。由於普實克老師的介紹，我因此得以和時任文化部長的茅盾結識，時相往來。我大學畢業時的論文是《茅盾的短篇小說研究》，我將論文的英文摘要送給他，與他討論，因此建立了較深厚的情誼。我後來將茅盾的十五個短篇小說譯成斯洛伐克文，茅盾還寫了一篇後記。可以說，我是第一位也是最後一位外國研究者與茅盾有較密切關係者。雖然也有一些人陸續採訪過他，但並未像我們這樣合作過。」

喜歡用比較文學觀點，開拓茅盾研究新視野

由於這個機緣，高利克的博士論文遂以茅盾為研究對象。一九六六年，他以《茅盾與中國現代文學批評》(*Mao Tun and Modern ChineseLiterary Criticism*)獲得博士學位，而這也是他自認為到目前為止，他個人最重要的一部學術著作。這部以英文寫成的論文於三年後出版。

「我的研究喜歡用比較文學的觀點。以茅盾為例，當時大部分的研究者，只注意到他的

創作，而未探討他的文學觀點，更不留心於他對世界文學的譯介，我因有機會閱讀中西學者的論著，故從比較文學的角度來研究茅盾。」這種研究方法的成功運用，使他的論文開拓了茅盾研究的新視野，他後來一連發表的論文如〈茅盾小說中的神話視野〉、〈諸神的使者：茅盾與外國神話在中國的介紹〉等，確實是擲地有聲的重要論述。

在材料的搜集上，北大兩年是他收穫最豐碩的時期。「在捷克有關茅盾的資料太少，尤其是一九三七年以後的材料更是空白，因此我在北京就儘量四處搜羅與茅盾有關的材料，甚至還因此到南京、上海、蘇州、武漢、桂林、廣州等地旅行，尋找茅盾的材料。」高利克愉快地回憶道：「那兩年是大躍進時期，政治運動如火如荼地展開，我們的生活也不免受到影響，例如北大比較文學研究所的所長樂黛雲教授必須上山下鄉，參加勞動改造；王瑤教授的課，我只聽了三個月，學校就不准他教書了。不過，幸虧有茅盾的關係，加上我又在北大留學生辦公室工作，因此得以四處旅行，未受限制。我也經常逛北京的舊書店，買到不少現已絕版的書。」

與茅盾的交情往來，使他掌握了研究茅盾的許多第一手材料，例如他於一九六三年在布拉格發表了一篇有關茅盾筆名問題的論文，中國卻直到一九七九年才有人開始討論；他還曾寫了一篇討論茅盾生活的論文，對茅盾在政治影響下的一些生活轉變有所探析，雖然今日相關的研究已多，但一直未發表的該文仍有一定的參考價值。明年大陸上將舉辦茅盾誕生一百年的紀念討論會，他已應邀發表這篇論文，並於會後交給北京中國現代文學館保存。

北大兩年，王瑤、王力、老舍等人，都曾經對他的研究有過啟發與指引，他後來回國就陸續將茅盾、巴金等六位現代文學作家的作品譯成斯洛伐克文。除了這些作品外，他還編譯了一本《中國古代女詩人選集》在斯國出版，談起這本書，高利克有點神秘地對我笑了笑，他說：「每天行走在北京大學古老的建築中，加上離鄉日久，內心不免時有寂寞之感，而我的女友遠在斯國，濃烈的相思情緒使我自然地接觸起中國女詩人的作品，因為她們細膩的情思、委婉的表現手法，很能引起我的共鳴，於是我開始翻譯一些女詩人的作品，回國後原本想出版，但不久稿件竟弄丟了，直到一九九〇年才找到，足足遺失了二十五年，想想真是不可思議。一九九二年終於出版了這部《中國古代女詩人選集》。」

所寫第一部中國現代文學批評史，柳無忌評價甚高

當然，他離開北京返回斯洛伐克後，不久就和這位令他魂牽夢縈的女子結婚了。同時，他進入科學院東方研究所工作，成為普實克的得力助手。在家庭與工作的壓力下，他並沒有受到影響，而讓自己完全沈浸在學術研究的天地裡，一篇篇立論紮實、見解獨到的論文陸續

發表，極具分量的書也相繼出版，使他逐漸嶄露頭角，而在學術界奠定了響亮的名號。截至目前為止，他已出版了四本專著、編譯了三本有關中國文學的書，還發表了一百三十四篇論文。這些具體的成果，使他於一九八五年得以《現代中國文學批評史的誕生：一九一七～一九三〇》（一九八〇年，倫敦）一書榮獲「大博士」(DrSc)學位。

「在東歐國家大博士學位是最高學位，至少要有二十年以上的學術經歷才可能獲得。很多大學教授都無法獲得這項榮譽。」高利克向我說明，但也只是輕描淡寫，對他來說，真正值得重視與追求的，是在學術領域中冒險的過程，以及有所發現的樂趣，一如他對四年東方研究所副所長的行政經歷，他始終覺得毫不重要一般。

高利克為學界所津津樂道的，除了他自認最具代表性的博士論文外，還有這部獲得大博士的著作與另一姊妹作《中西文學關係的里程碑》（一九九〇年，北京）。「在《現代中國文學批評史的誕生》一書中，我系統地研究了包括胡適、陳獨秀、周作人、魯迅、茅盾、郭沫若、成仿吾、錢杏邨、馮乃超、梁實秋等十六人對文學批評的意見，當時重要的作家、社團、流派都有所討論，可能是第一部中國現代文學批評史。美國印第安那大學比較文學專家柳無忌教授對此書評價甚高，曾撰文推介說，將來也許會有另一種方式來撰寫中國現代文學批評史，但不會寫得比這本書更好。他的稱譽令我不安，但也對付出的心血獲得肯定而感到欣慰。

至於一九三〇年以後的文學批評因受馬克思主義的影響很大，我並不喜歡，故未再繼續做進一步探討。」

這本書已譯成中文，但限於經費一直未能發行中文版。另一部也是用英文寫成的《中西文學關係的里程碑》則比較幸運，英文書稿完成後，北京大學比較文學研究所所長樂黛雲教授極為贊賞，認為是「從文學思潮與作家作品兩方面對中西文學關係進行深入研究的紮實而富有開創性的名作」，遂將之譯成中文，由北京大學出版社出版。樂黛雲在序言中指出，這部書可說是高利克的集大成之作，因為「這本書不僅體現了他廣博的世界文學知識，他對中國現代思潮與現代文學的深刻思考，以及他訓練有素的實證精神與分析能力，而且也蘊涵著他對中國人民和中國文化深深的愛。」雖然書中不免有一些缺失，但「本書發掘了大量的史實，開闢了新的視野，提供了新的研究層面，則是確定無疑的。」

除了上面三部專著外，高利克還有一本以英文出版的《德國對於中國現代思想史的影響》（一九七一年，慕尼黑）。此外，精通英、德、義、日、法及中文等多種語言的他，已在各種學術刊物上發表了百餘篇論文，其中較具影響力的如〈一九一七年前中國婦女的文學作品研究〉（一九八〇年）、〈二十年代中國文學土壤上的歐洲文藝思潮及其變形〉（一九八八年）、〈浮士德、紅樓夢、女兒性〉（一九九三年）、〈中國現代知識分子的典範：年輕的冰心，年老的泰戈爾與善良的牧者〉（一九九三年）等。

期許自己每一篇論文都要具有學術價值的高利克，幾乎犧牲了所有娛樂，讓自己充分地在研究與教學中盡情馳騁，絕不停滯與猶豫，「有新觀點，提出別人未見的看法，是我一直努力在做的。」他充滿信心地說：「以〈年輕的冰心，年老的泰戈爾與善良的牧者〉一文為例，我針對冰心受到聖經影響提出了看法，認為冰心早期的創作圍繞著以下三個成分：《舊約》的〈創世紀〉，大衛王、泰戈爾的博愛學說，以及《新約》中對善良牧者的比喻。這個特色可以從她的充滿宗教精神的詩和散文中看出。我們知道，冰心曾就讀協和女大和燕京女大，在那裡鄭振鐸將她引入泰戈爾的世界，而羅拉・美德(Luella Mihers)則將她引入聖經的世界。〈創世紀〉中的神話令她嚮往，直接影響了她的《繁星》和《春水》；通過鄭振鐸和他的書，冰心開始對泰戈爾的生平和創作發生了興趣，她的散文有不少篇章表示出對泰戈爾的敬意，她的詩也受泰戈爾詩集《飛鳥集》的啟示。泰戈爾的兒童典型（孩子是愛的天使），作為一個愛的主題，正是冰心對母親、大海、自然的愛的補充。我的推論是，解釋愛的特徵的《新約》和《舊約》中的部分，以及泰戈爾的愛的信條，組成了冰心的博愛和熱愛天地萬物的思想基礎。至於善良的牧羊人的念頭，在冰心的靈魂中也引起了一定的回響，她之所以加入衛理公會，正是因為看了大衛王的詩：『耶和華是我的牧者，使我心靈蘇醒。祂使我躺臥在青草地上，領我在可安歇的水邊。』我從這幾個線索來分析冰心早期創作的思想基礎，過去的冰心研究者很少觸及到這一點，而我從比較文學的角度下手，尋繹出這個脈絡。」

在高利克整理出的一百多篇論文的目錄中，他可以任意地侃侃而談每篇論文的重點與特色，有關冰心的討論不過是他眾多研究心得中的一節而已。析古今之變，探中西之異，對高利克而言，不僅不是阻礙，反而是他揮灑、冒險的樂趣所在。

高利克廣闊的研究領域，具體地呈現於他在布拉迪斯拉發的Comenius University教書的科目上。斯洛伐克因為直到一九八八年才有漢學研究的學生，因此他從那時起才開始教書，範圍則涵蓋了中國歷史、哲學與文學（包括古典與現代）。許多年後，教漢學的師資稍見增多，加上他常有機會到世界各地進行研究，因此現在除了一些最重要的根基課程，他已儘量少教書，「在斯國，我已是漢學的老頭了！」他再次以幽默代替了他一貫的謙虛。

喜歡種菜，嚮往陶淵明的農耕生活

已是第四度來臺的高利克，對臺灣的學術界有一定的了解，此行應漢學研究中心之邀來臺進行三個月的交流訪問，他就準備以臺灣當代女詩人的作品為研究對象。他說明道：「大陸上的女詩人不多，除舒婷之外，成就都不如臺灣的女詩人，因此我計畫著手這方面的研究，例如她們與古典詩人的關係等。準備去拜訪的女詩人有鍾玲、蓉子、羅英、席慕蓉等。」

除了這項議題外，高利克目前正在進行的研究計畫還有中國現代思想史的研究，他已發表了六篇紮實的相關論文，討論過梁啟超、王國維、馮友蘭、梁漱溟、唐君毅、錢穆。這次來臺，他很想向羅光主教請教，因為他覺得羅光的人生哲學部分很值得研究；此外，他也想完成哥德研究的心願，特別是《浮士德》對中國的影響，因為明年是哥德誕生二百五十周年，他希望在已有的論文基礎上完成一部書稿。

正因為研究工作上無日稍歇的壓力，自我要求甚高的高利克幾乎沒有娛樂可言，他有些無奈但並不遺憾地表示，實在是抽不出時間。「不過，你不會相信，我在家鄉的村子裡有一塊地，我每個週末、日都到那裡種菜，像陶淵明一樣過著農耕的生活，只不過他飲酒、採菊，而我種土豆、白菜。也許是農村長大的緣故，我喜歡做這些勞動工作，而且不用拖拉機，完全和五十年前的農人一樣。每當青菜收成時，我就感受到親近土地那分踏實的喜悅。」

其實，每個人的心中都有一畝田地，只是有人任其荒蕪，有人辛勤耕耘。高利克是幸運的，他不僅有一塊可耕可採的菜田，而且還能在漢學研究上筆耕心耘出一片生機盎然的寬廣田地。

「對我而言，這兩塊田地一樣重要，我都可以安身立命。」高利克微笑地說，那自足愉悅的神情，不像個學者，倒十足是個倚著鋤頭、眺望自己廣袤田地的農人。

中華民國八十四年十一月二十九日中央副刊

亞洲篇

（文訊雜誌社／提供）

關於許世旭

許世旭，一九三四年生，是第一批留臺的韓國學生，臺灣師大國文研究所文學博士，曾任韓國外國語大學中文系主任、研究所所長，目前任教於高麗大學中文系。以中文創作的他，已出版過兩本散文集、兩本新詩集，而且致力於中韓文學交流，是第一個把中國新詩譯成韓文的學者。著有學術著作《中國現代詩研究》、《韓中詩話之淵源考》等書。

寫詩要胸懷，研究要頭腦

——韓國漢學家許世旭教授

對國內愛好新詩的人而言，韓國詩人許世旭，是一個並不陌生的名字。他曾以中文出版過兩本散文集、兩本詩集，及一本自選集，文筆清麗動人，詩風柔俠兼具，早為國內文壇所喜愛、傳頌。

以一個「外國人士」的出身，能如此嫻熟地運用中文來創作高難度的現代詩，而且成就非凡，實在不易。單單以他這方面獨樹一幟的表現，就足以傲步文壇，毫無遜色。

但他的重要性不只如此。

除了詞采風流的詩藝，他還有嚴謹深厚的學識。在中韓漢學界，他也是不容忽視的知名學者。

對中韓現代文學的交流，他做得最早、最多

在他的手中，首次將臺灣現代詩翻譯成韓文，也把韓國著名古典小說《春香傳》譯成中文，對兩國現代文學的交流，他做得最早、最多。他是第一位獲得中華民國文學博士的外籍生，也是第一位以中文直接創作現代詩的外國作家。他的中文造詣，促使他在兩國漢學研究上，擔負起吃重的橋樑角色。

許多年來，我們時常看到他兩地汲汲奔走的身影，更不斷見到他一手典雅中文詩作的發表，我們明知他是韓國人，卻總是忘記。正如他自己所言，只要一離開韓國金浦機場，在飛往臺灣的路上，他就覺得自己是中國人了。這份濃烈的中國情懷，加上對中國文學的真正愛好，使他每次踏上這片土地時，便會油然滋生回到故鄉的親切與喜悅。

雖然，在政治上，中韓邦交已斷，但兩國人民長年的友誼依然深厚。對許世旭而言，曾經在這塊土地上度過了人生中黃金般的青春歲月，在這裡完成學業、結交不少肝膽相照的文壇摯友，也在這裡堅定了一生致力研究、創作生活的盟誓，在他心中，中華民國臺灣永遠是他的另一個「家鄉」，他不會離棄這裡，正如同不會放棄文學一般。

擔任過韓國外國語大學中文系主任、研究所所長的許世旭，目前是高麗大學中文系教授，

課務繁忙，加上寫作計畫不輟，使他幾次來臺都是匆匆停留，而無法與文友多聚。去年適逢休假一年，加上向中華民國教育部申請漢學研究中心的研究補助經費獲准，因此，他可以長期在臺從事研究工作，再次重溫當年學生時代的舊夢。

對於回到中文世界，與昔日好友把酒言歡的生活，詩人內心止不住的興奮，輕易地洋溢在一臉笑意上。

時間彷彿又回到了三十多年前，一個隻身飄洋過海的異國遊子，年輕、有夢，滿懷憧憬地投進中國文學的廣瀚學海中，要尋找一處安身立命的所在，卻因緣際會地趕上了臺灣現代詩萌芽、發展的風雲時代……。

如今的他，可以用一口流利的中文侃侃而談文學理論，也可以一手典雅的中文抒情寫志，這樣一路艱辛走來，他不僅無怨無悔，而且始終樂在其中。

「我這一生大概就是這樣，不會再改變了。」許世旭閒閒淡淡地說出這句話，但話裡斬釘截鐵的決心，也是明明白白。他習慣性地點燃一根煙，打開話匣子，也把記憶繚繚繞繞地喚了回來。

二十六歲來臺唸中文，是第一批留臺的韓國學生

許世旭談到他學習中文的經過時說：「我二十六歲到臺灣來唸中文，是第一批留臺的韓國學生。說起和中文的淵源，還必須追溯到一九五〇年的韓戰。當時我十六歲，唸高中一年級，正是戰爭進行得如火如荼的時候。國家規定滿十七歲者必須當兵，而我非常幸運的因年齡不足，逃過此劫。否則想來也必是凶多吉少的。因為新兵往往來不及訓練就上陣，也許只懂得開槍，其他的就只好交由上天安排。在這種性命朝不保夕的情況下，當時有所謂『五分鐘軍官』的名詞，由此可見一斑。」

這位韓國第一個中國文學博士沈思了一下，又以徐緩的語調繼續他三十三年前的回憶：「儘管不用上戰場，事情卻並不如我預料的盡如我意。我的父親是漢學家，也是非常保守的學者。一九五〇年的冬天，他開始要我唸書。接觸的第一本中文書籍是《千字文》。後來陸續讀《四書》、《古文觀止》、《唐詩三百首》。可是我沒有唸完就逃開了——離家出走，自己到寄宿學校去接受新式教育。這是因為父親請了一位老先生專門教我古文。我不是排斥中文，但年少氣盛的我，嚮往的是有朝氣活力的教育方式，因此認為傳統的私塾教育稍嫌落伍。

「當時的韓國社會非常保守，而我父親又是很典型的讀書人。他希望我唸完古文後再成家，也當一個傳統的書生。他覺得新學問沒有學習的價值，因此並不贊成我的看法。所以當我唸完兩年多的古文，在一九五二年離家出走時，想來他必是十分失望的，儘管他並沒有斷絕我的學費和生活費。

「高中畢業後，我投考韓國文學系。落榜的消息傳來後，心裡很難過和愧疚。一方面是因為當初違拗了父親的心願，不告而別，另外也為自己因唸了兩年多古文而無法應付新式的考試懊惱，覺得自己簡直一無所成。」

許世旭就在這種茫然迷失的心態下，找高中老師商量，希望老師能給他一些建議。老師認為他既然有深厚的古文基礎，便建議他考韓國華語大學中文系。可是韓大中文系四年的生活並不能滿足他對文學的要求，是以畢業之後，服完兩年兵役，便又通過中華民國外籍獎學金考試，進入師大研究所，想一圓自己的理想。

學術研究與文學創作並重，自稱是「兩棲動物」

回想接觸漢學的淵源，許世旭不禁追溯到初三唸過的一篇文章——〈北京印象〉。這是除了韓戰和家學（父親和祖父俱為漢學家）之外，間接促成他來臺的因素之一。這篇文章儘管寫的只是北京一地，但卻引發了他對中國無限的嚮往。後來因種種因素，臺北成為他落腳的地方。

滿懷理想的詩人進入師大國文研究所之後，才發現事與願違。國文研究所走的是國學研究路線，文學創作風氣並不盛。這令他微微感到失望，但還是在師大待了八年。其中兩年半時間唸碩士班，論文題目是「李杜詩比較研究」，而博士班研究的是「韓中詩話之淵源考」。

「來臺北後不久，我開始『兩棲動物』生活。一面專注於學術研究，同時也開始文學創作。甚至回韓國之後，我仍持續這種生活方式，並且也用韓文寫詩在國內發表，寄到臺灣的則用中文。」詩人頓了一頓，彷彿在追索自己和文學的因緣。卻顧所來徑的心情，唯有詩人自己才能有深刻的體會吧！

「我記得第一篇詩是發表在白先勇主編的《現代文學》。那時是一九六一年的春天。可是在更早之前，我就已經和許多人來往、打成一片了。其中一位最『老』的朋友就是梅新。」詩人說到這裡笑了一笑，彷彿當年許多的趣事浮現腦海，用詞也略顯幽默活潑起來。

「剛來的時候十分不習慣，中國話也講得結結巴巴。異鄉人的寂寞心情不斷煎熬著我。我也沒有宗教信仰可以寄託。可是我十分大膽，儘管中國話說得不流利，還逕自到中山北路一段的糧食局宿舍找覃子豪。他是四川人，四川口音的國語聽得我一頭霧水，兩個人對話時往往各說各的，有點牛頭不對馬嘴，可是我們還是聊了很久。」

帶著覃子豪詩集漂洋過海來臺，與楚戈一見如故

原來許世旭在韓國時已接觸過新詩，尤其喜歡徐志摩的才情。拜訪覃子豪也是按圖索驥——按《覃子豪詩集》後面的住址一路尋去的。這本詩集在韓國就已買了，陪他漂洋過海到臺灣來。

也許冥冥中對於人與人的相契早有安排吧！詩人在和覃子豪歡談之後準備離開時，與恰巧來訪的「翩翩美少年」楚戈碰面，兩人一見如故。他們由覃子豪家，相伴走到新公園。那邊小攤子林立，而且價錢十分便宜。他們就到那裡喝酒，聊得十分投緣。

詩人微笑地沉湎在回憶裡，昔日把酒言歡的一幕似乎又重現腦海。繼而他話鋒一轉，由文學的回憶小徑再拐回學術的殿堂。

「我是師大國文研究所第五屆的學生，當時班上一共三人，一位是研究聲韻的陳新雄，另一位是現任中研院文哲所所長的戴璉璋。研究所的功課很忙。我總是在學術殿堂悶足了五天之後，星期六便和一群詩人去玩。當時楚戈每週末從林口來找我。我們一群人：在大直的商禽、基隆港務局的鄭愁予，還有辛鬱、梅新等，在張百川住的正聲廣播公司宿舍聚會，飲最便宜的米酒，喝商禽釣回來的三尾指頭般大的小魚煮成的清湯，偶爾吃吃狗肉，就這樣快樂的玩上兩天。

「這活潑輕鬆的兩天彷彿把我從古都般的師大帶到年輕飛躍的另一個世界。這樣的生活背景對我的學術和創作都十分重要。它們就像導線——把我引到創作的路上，同時不斷的互相砥礪、切磋詩藝，使我創作不輟。

「當然我也沒有忽略學術研究。我以五年半的時間拿到博士學位，算是相當快的。當時許多媒體都競相報導，連我的母校也知道中華民國出了一個外籍生博士，因此馬上把我聘回韓國教書。從離家開始算起，已過了二十四年了。

「我一直說自己是道地的『兩棲動物』。不但學術創作並行，甚至在大學裡也同時教授古典、現代課程，而創作時又是中、韓兩種語文共同進行。」

觸及學術領域時，詩人的用語和態度頓時變得嚴肅起來。暫時放下詩人的豪情，他冷靜剖析自己這些年來，對中國文學研究的心得與基本的文學觀。首先在文學分類上，他認為應當從體裁來劃分，譬如詩、散文、小說、戲曲、批評等，而不是把研究唐朝、宋朝、元明清等各歸類為一派。他不贊成這種依朝代來區別的作法，而覺得應該從體例上去區分。

「這幾年來研究新詩，我認為它絕不是舶來品，即非橫的移植。就是紀弦現在也絕不承認這番話，當時他只是為了抵抗古典文學強大的潮流才提出這番主張。我們看二〇年代早期的詩，無論主題、風格、材料都和現在無異，只是在形式上有所不同。所謂老舊的題材，如春恨、悲秋等，現代詩也一樣有，只不過表現手法不太一樣就是了。又譬如參與意識，古代的社會詩、邊塞詩也有，絕不是現代的特別產物。我始終堅信，詩人只有真偽好壞的分別，而沒有所謂社會派、抒情派的差異。」

完成三十五萬字的《中國現代詩研究》，開始研究中國文學史

從自己兩棲的創作生涯談到文學觀，詩人的思路似乎愈來愈順暢。他認為自己同時從事散文和新詩的創作方式，和古代文人十分相似。觀諸文學史，中國的文人幾乎都具備雙重性，無論在思想或作品的型態，都沒有純單一性的，或是儒道兼俱，或是散文、詩雙管齊下。在生活上也往往耕讀而居，這是傳統士大夫的典型。

此外，他也認為文學的產生不是突然的，必然有它的淵源，因此他在著手寫文學史時，特別注意根源的說明。文學是時代的產物，但是他不贊成社會主義的唯物史觀。新的學說容易被人注意，但也可能是一種譁眾取寵、欺騙大眾的手段。這也就是他一再強調的，文學只有真偽好壞之分，而無參與社會派、抒情派的武斷說法。譬如《詩經》，從社會派的角度來看，它是社會詩，可是若從抒情派的觀點來看，三百首詩篇也可歸為抒情詩。所以他不贊成以風格來把詩人歸為詠物、抒情等，而應該掌握作家的每一種文體，包括祭文、銘、誄、傳記等，從較概括性的角度來評量才客觀。

說到這裡，他提出了一個長久以來被研究文學史的學者所忽略的問題——物量。

「所謂『物量』是統計上的觀念。過去的文學研究者，對數據的看法顯得過於籠統，都只注意到著名和重要作者的作品數量，而忽略了較不出名作者的作品統計工作。

「我認為作品的好壞是一回事，而數量的多寡又是另外一回事，兩者是截然不同的問題。可是一般人都疏忽了作這樣的考量。所以我特別重視這方面的資料收集。」

對他來說，掌握了全面的資料，也就是尋找到了問題的重心。這樣才能對課題作更全面、宏觀的考究。

基於這種從歷史的眼光來支持自己的角度，詩人開始古典文學史的寫作，同時也完成了將近五百頁、三十五萬字的《中國現代詩研究》一書。這本書主要探討新詩和舊詩的聯貫性，已在韓國出版。目前則將心力放在研究中國文學史。中國古代文學史已於一九八〇年寫成，現正致力於近代文學史的研究，而且宋元部分已定稿，預定今年完成明清兩個朝代。

赴大陸講學之餘，有計畫實際遊覽文化遺跡

許世旭曾於前年十二月至一月間到大陸去講學。他是應聘為重慶西南師大中國新詩研究所客座教授，把一個學期的課程集中在一個月內上完。目前這是唯一研究新詩的研究所，學

生素質很高。

回憶那段天天上課的日子，他說：「重慶是霧都，幾乎一整天都雲霧繚繞。我任教之處是個十分有紀念性的地方，那就是抗戰時文人學者集中的北碚。梁實秋的『雅舍』就在西南師大附近。他在那兒住了八年，最好的作品都是在這時期完成的。我曾到那裡去過幾次，建築物還在，但已破損不堪。倒是離『雅舍』一公里遠的老舍故居仍保留得很好。」

由於詩人研究的文學課題所發生的時代都在大陸，因此對於大陸的古蹟山水十分嚮往。他從一九八八年開始有計畫的去遊覽文化遺跡，單是長江便去了三次，每次所到的地方都不同。

「八九年春天，我從上海到南京，目標是走遍長江下游所有與文學有關的風景名勝。九〇年則從李白的故鄉——青蓮鄉一直玩到重慶，前後共一個月。經過覃子豪的老家時，還到覃子豪紀念館去遊覽。再來就是前年年底至去年年初到重慶去教書的日子，我從那裡玩到九江。」

不但如此，詩人也計畫到西北去，實際體會塞外特殊人文風貌，悠遊古代文人騷客筆下的浪漫世界。三次的長江之旅，令他覺得文學與山水實在密不可分，地理環境確是文學的溫床，也決定了文學的風格、型態。因此他不禁有「相見恨晚」的感慨，認為十六歲即接觸中國文學，卻要到五十歲方有緣親自和詩詞歌賦的山水相見。

他很興奮地透露，目前正替韓國四大報之一的《韓國日報》撰寫「中國文學之旅」專欄，從去年五月一日起，每星期二刊出一整版。他是對照文學史的資料，再加以實地考證，同時不斷收集新的資訊，這種嘗試，對他來說，算是研究中國文學史和旅遊玩樂之外的副產品。

「這種旅行方式其實很有意義，在遊山玩水之外還可寫散文和詩，我打算在『中國文學之旅』的專欄結束後，仔細的把北碚的一切風貌寫成文學作品。」

做學問時踏實、嚴肅，寫詩時則瀟灑、狂放

從這一段談話中，可以看出許世旭這一生果然是和文學結下不解之緣了，不論何時何地都始終對創作念念不忘，在他心中，對文學的熱愛已和生命一般重要。如果抽離了詩與研究，恐怕詩人的世界將不再繽紛多彩。

「我記得是在一九五五年參加韓國大學生徵文比賽得獎時，就開始不間斷的創作新詩。唸大學後半段和服役的四年時間曾一度停筆，可是到臺灣後因異鄉寂寞的遊子心理，又驅使我再度執筆。創作生涯的開始，是投給《現代文學》的一首詩，後來則幾乎每一期的《現代詩》都有我的作品。當時綽號『老朋友』的紀弦是主編，他常常鼓勵我寫，因此直到六十三

年停刊，我成了這份詩刊的常客，此外，我也在《創世紀》和其他報刊雜誌發表詩作。

「也許作品實在發表得太頻密了，加上師大國文研究所寫現代詩的人又只有我一個，故格外受人矚目。所長林尹先生有一回便把我叫去訓話，認為我老遠從韓國來唸書，不該把心思花在新詩的創作，而應對古典文學多多用心。

「我雖然也認同他的話，但始終無法割捨對新詩的熱愛，所以偷偷的用『許素汀』這個筆名發表作品，這一用就是十五年。當時為了挽回尷尬的處境，我也開始寫舊詩。這對我的學術研究很有幫助。

「從那時起，我便常和當時在文化學院教書的陳新雄一起喝酒、寫舊詩。大概陳新雄曾在林老師面前誇讚了我一番，因此他有一天竟和顏悅色的對我說：『你既然能寫舊詩，那我也不反對你寫新詩了。』我聽了非常高興，因為那就表示他對我已能諒解了。」

詩人說到這裡，大大的舒了口氣，可想而知當年老師的那一席話對他而言是多麼重要。

除了學術和文學之外，許世旭還致力於中韓文學交流的努力。他目前出版了一本自選集、兩本詩集、兩本散文集，此外還從事把中國的新舊詩翻譯成韓文的工作。這方面的作品計有《韓國詩選》、《春香傳》等。

《春香傳》是韓國最有價值的古典小說，把它翻譯成中文是一件工程浩大、但十分有意義的事；因為他把韓國文學介紹到中國來，才使中國文學界對韓國古典文學也能有所瞭解。

除了古典文學，許世旭也是第一個把中國的新詩譯成韓文的詩人，同時還不間斷的把中國古詩介紹到韓國去，在中韓漢學界，他無疑的是一座重要的橋樑。

這就是許世旭，一個亦狂亦狷的書生，一個亦俠亦秀的儒者。他做學問時踏實、嚴肅，但寫詩時又瀟灑、狂放，兩種不同的生命型態，在他的世界裡調和得恰到好處。

正如他期許自己的一句話：「寫詩要胸懷，研究要頭腦」，他做到了，而且成就斐然。對他來說，一生的青春歲月，一往無回的決心，加上一腔昂然沸騰的熱情，似乎，全只是為了替這句話下個完美的註腳罷了。

中華民國八十二年八月二十一日中央副刊

（郭惠煜／攝影）

關於潘文閣

潘文閣教授(Phan Van Cac)，一九三四年生於越南河靜省，廣西越南師範大學中文系畢業，返國後擔任河内師範大學外語系教職近三十年。一九八五年出任越南社會科學院漢喃研究所所長至今。主要專長在漢語研究，著有《越南儒學今昔》、編有《漢越大辭典》及譯書《詩經選譯》、《魯迅詩譯》等二十餘種。

來自河內的聲音

——越南漢學家潘文閣談漢越文化的交流

今年一口氣出版了三本著作的越南籍漢學家潘文閣教授，七月間應我國漢學研究中心之邀，來臺進行五個月的學術交流與訪問研究。由於不是首次來臺，他在臺灣的朋友特地為他找了處所，讓他安靜自在地看書、研究。離板橋著名的林家花園不遠的一條偏靜小巷中，我幾經摸索找到了他落腳之處。簡單的公寓樓房，簡單的房內擺設，幾本書整齊地置於案頭，他給人的第一印象，是個簡單分明的人。

他個子不高，笑起來有些憨厚，說話與舉止都不疾不徐，一派氣定神閒，在板橋人車如潮的鬧區裡，他很有種「大隱於市」的味道。對於自己如此的性格，他仔細思量，不得不說是源自於父母親的影響。

父親堅持下，在家學漢語，在學校學法語

「我的同事、朋友大多認為，我是一個講禮貌，但舉止動作較慢，不太活潑的人，我想，這種人或許比較適合做學問吧！」潘文閣先笑著自我解嘲一番，隨即又陷入短暫的沈思裡。對於已經過世的父母，現年六十歲的他，始終有著深刻的記憶，或許是那份厚重的情感，使他在思索時有一種虔誠的慎重，才會在說話時一字一句清楚而緩慢，充滿誠懇的力度。看他一絲不苟的神情，自然令我聯想起皓首窮經的古代儒者，或許正如他所言，這種性格，使他無形中更容易走進中國漢學的世界裡吧！

「我的母親不識字，是個傳統持家的婦女。父親則是一位儒學家。早期越南仍是舊式科舉制度，他去參加科舉考試，但未中第。在家裡豐富的典籍中，四書五經等儒家經典很自然地成為我接觸漢學的啟蒙。」

潘文閣回憶道，六、七歲時，父親將一些同音的漢字列出來，教他認字。每一漢字，越南人有自己的讀法，稱為「漢越音」，其根據是從唐、宋以來的漢語古音，保留了塞音，有六個聲調。《康熙字典》將近五萬個單字，每一個字都可以有其越音讀法。漢字的同音字很多，但到了漢越讀法，原本不同音的可能同音，反之亦然。

「我的父親不會說普通話，他從我們越南的讀法出發，把一些同音字列出，教我區別，讓我認字。例如天、千、篇在漢語不同音，但在漢越語卻是同音。他又告訴我什麼字聯合在一起會成為複合詞。這是他自己想出來的一套教學法，不太科學，像學字典一樣，很累，但我因此也學了幾百個字。」

在父親的堅持下，他一方面在學校學習法語，一方面在家中學漢語。他七歲進小學時，越南早已淪為法國殖民地。自小在越南中部的河靜省長大的潘文閣，和哥哥一起離開了家鄉，到外地讀小學。當時的越語是「外語」，每週只有二、三個小時學越語，包括歷史、地理等課程，全都用法語。一直到一九四五年，越南進行「八月革命」，全國解放，才將越語改為正式語言。

「法國統治越南八十年，影響極深遠。一九四五年後，改用越語上課，起初在學術用語方面遇到一些困難，詞彙不足，但許多年下來，已逐漸充實，現在連博士論文也用越語撰寫。」對於越南被法國統治的影響，潘文閣持平地分析說：「在消極方面，法國對我們的壓迫，實行的奴役教育等，固然令我們不滿，但客觀而言，也有一些積極的影響，由於法人強制我們接受西方教育，使我們可以很快地接收了西方文明，特別是在科學技術方面。」

離開漢語、漢字、漢文學，就不能談越南文學

小學畢業後，他進入潘庭逢中學就讀。在越南，每一中學都以一民族英雄的名字來命名。潘庭逢是十九世紀末因抗法而殉國的英雄，籍貫也是河靜省，因此在省內設立了這所中學。

一九五四年，二十歲的潘文閣離開越南，遠赴大陸廣西，進入中共為支持越南抗法戰爭而在廣西設立的越南師範大學，就讀於中文系，開始正式學漢語。

「當時國家雖在動盪，但認為建設人才仍須培養，遂派了一些青年出國學習，一切公費。唸了二年後，因國內需要，我就於一九五六年返國。然後一直在河內師範大學外語系教漢語，將近三十年，直到一九八五年出任越南社科院漢喃研究所所長才離開。」

對於那兩年在廣西讀書的經驗，潘文閣留下了美好的印象，他深深記得中國人的熱情款待：「中國老師對我們的照顧無微不至，雖然他們的生活條件也不好，但對我們悉心協助，使我們得以全力學習。」至於學習的重點主要是掌握語法、詞彙，冀能運用漢語作為工具。返國後，他就以此為基礎，靠自修進一步鑽研中國的古典文學，乃至於現、當代文學。也由於探究益深，他開始感到翻譯工作的重要，而投入了不少心血去構築中越交流的橋樑。

對於翻譯工作，他有感而發地表示，現在回想起來，才可以清楚看到，越南文化確實深

受漢文化影響，要談越南的古典文學、傳統文化，絕對離不開漢文學。離開漢語、漢字、漢文學，就不能談越南文學。這一點認識，現在才完全看清楚。當年會投入翻譯工作，潘文閣笑著說，只是覺得中國文學作品很優美，值得介紹而已。

事實上，潘文閣對中國漢學的譯介工作做得很早，而且成就卓然。他在這方面的著作有：《詩經選譯》、《樂府詩選譯》、《郭沫若詩選譯》、《魯迅詩譯》。近年來則譯介一些大陸當代作品，如張賢亮的《男人的一半是女人》等。今年更一口氣出了三本書：《漢越大辭典》、《越南詩文選》以及翻譯張賢亮的《男人的風格》。

「過去，對於臺灣的文學作品一直沒有機會接觸。這次來臺將積極收集資料，以便譯介臺灣的作品給越南民眾。其實，兩年前我來臺灣時已帶了柏楊在獄中的詩作返國加以翻譯，這次來臺，將翻譯好的作品送給柏楊，他很高興。目前我已收集了一些短篇小說的資料，回國後即可進行。」

越南研究人力最集中的即是他所主持的漢喃研究所

中越在經歷數十年的阻隔後，最近由於經貿關係的開拓，而有了再次接觸、發展的機會，潘文閣顯得十分珍惜。這次來臺，除了收集作品翻譯外，主要是進行有關胡適的研究計畫。

他認為，胡適是在國學、文學、史學、哲學各方面都有成績的人，值得全面性地加以介紹，以前由於在大陸上中共對胡適加以批判，越南也受影響，對胡適一直是抱持陌生、負面的評價，他覺得這是不公平的，因此他有心做一些澄清的研究工作。

談到越南目前漢學研究的環境，潘文閣說明道，漢學研究人力最集中的即是他所主持的漢喃研究所，有五十六位研究員，其中有十幾位博士、三位教授。研究所隸屬於越南社會科學院，主要是研究越南的漢文書籍。

「漢喃研究所創立於一九七〇年，是越南保存、整理、翻譯、研究、出版漢喃文獻的最大中心。目前藏書有一萬四千多卷，二萬三千多張石碑拓版。」至於「喃」字，他解釋說：「所謂喃字（喃文），是指越南民族於第九、第十、第十一世紀根據漢字六書原則制定的一種方塊文字，用以記錄越南的語言。從基本詞彙、語法結構來看，是一早已存在、獨立的越南語言。」

從基本詞彙來看，越語十分接近Monkhmer語系，而語法結構也和漢語不同。潘文閣舉例說，越語是將附加成分放在中心成分之後，即將形容詞置於名詞之後，這和漢語中將形容詞置於名詞之前的形式不同，譬如漢語說「藍天」，越語則說「天藍」。從第九世紀以來，越語借用漢語詞彙，並在漢字構造原則上製造自己的文字，發展到十五世紀以後才有喃文的成熟。

從此，漢字與喃字並用，直到十九世紀結束，拼音拉丁文取代漢喃文，成為越南通行用語為止。正因為拉丁文簡易、通行，使得傳統的漢喃文化變得困難，所以，為了傳統文化的保存，必須仰賴專家將漢喃文譯為拉丁文，以便後人得以了解和銜接越南的新舊文化。

在這項工作上，漢喃研究所扮演了重要的角色。在研究所的組織方面，下設四個研究室，分別是文字學研究室、版本學研究室、目錄學研究室、區域文獻比較研究室。後來又新成立一個電腦漢喃文處理研究室。不過，潘文閣謙虛地表示，在人員和技術條件上仍很薄弱，有待加強。

中越邊界戰爭，導致關係中斷十年，漢學也隨之衰微

至於目前越南漢學研究的概況，潘文閣簡單分三方面加以說明——

第一、漢語的研究與教學：在一九五四年至一九七八年間，漢語教學十分普及，但一九七九年爆發中越邊界戰爭，中越關係中斷十年，漢語、漢學也隨之衰微。有一陣子不招生，學生畢業也無法分發。直到九〇年雙方恢復關係，漢語教學才重獲注意，但目前也僅有河內師大、河內大學、河內外語大學、順化大學以及胡志明市有三個大學等七所大學設有中文系，培養漢語人才。近年來由於貿易往來的增加，不少臺商到越南投資、設廠，漢語人才遂逐漸

有較好的出路。

第二、中國學研究：目前在河內有三個中國學中心，一是社科院亞太研究所的中國學研究中心；二是河內第一師範大學的中國學研究中心；三是河內大學語文系的中國學研究中心。三者以河內第一師大較具規模，社科院的中國學研究中心人員不足二十位。這三個中心主要是研究政治、經濟、歷史、哲學、思想等方面。

第三、中越關係研究：這個研究範疇原本屬於中國學領域，但因其具有重要意義，因此倍受重視而獨立於中國學研究之外。諸如儒教在越南、道教在越南、中國文學在越南等課題，都是這一領域的研究重點。

近幾年來，漢喃研究所在潘文閣的主持下，進行了不少大型研究計畫，而且成果逐一顯現。例如在日本的資助下，將二萬三千篇越南碑文加以整理，並選譯了其中的二千多篇；與法國遠東學院(Efeo)合編一部《越南漢喃文書籍總目錄》，內容包括目前在河內和巴黎所藏的漢喃書籍近五千本，用越、法兩種語文進行論述，共計三卷，也已出版；《漢越大辭典》已編纂完成。此外，也開始運用電腦來處理漢喃文獻的圖書館作業，包括圖書採集、編目、期刊管理、參考諮詢等項目。這些研究成績的不斷問世，使該所充滿了活力與旺盛的企圖心。

當然，這些學術計畫都在潘文閣的規劃與掌握之下。以漢語專長在越南受到敬重的他，一直默默地在他心愛的漢學天地裡紮實耕耘，著有《越南儒學今昔》，譯有《詩經選譯》，編有《漢越大辭典》等二十餘種，望重士林。在越南漢學界，主持或負責相關機構者，不是與他同輩，就是他的學生。由於他的傑出成就，一九八四年升等為教授——在越南要升教授，不是提出論文即可，必須從其資歷、學術著作來全面考量，由國家評委會來審查。

由於研究成果得到肯定，雖年屆六十仍被主動延退

今年已是耳順之年的潘文閣，按照越南的規定，一般人六十歲時必須退休，但對學者可以延長，特別是因工作上的需要，也可以延長到七十歲。其實在社會科學方面，年齡長者仍有其不可取代的經驗、長處，因此，不需要他申請，工作單位已主動替他辦理延長的手續。這也可看出他在越南漢學界的崇高地位，以及他這幾十年來研究成果的得到肯定。

想起來，這一切似乎都有因緣在。如果不是父親的啟蒙，他不會接觸到漢字的堂奧；如果不是那場戰爭，他不會離開家鄉，赴大陸學習漢語。更重要的是，如果不是源自於父母親執著、安靜、淡泊的性情，他不會一直在漢學的路上跋涉不停，足足走了四十年。他沒有一天動搖過，也沒有一天抱怨過，日子尋常地過著，生活也是單純寧靜，一疊書，一顆為學術研究著迷的心，他可以這樣簡單的過一輩子。正如同越南文化離不開漢文化一般，潘文閣這

一生，大概已經注定離不開漢學了。

中華民國八十三年十月十一日中央副刊

（郭惠煜／攝影）

關於柳瑩杓

柳瑩杓，一九五五年生，韓國密陽郡人。漢城大學中文系畢業，一九九二年獲該校中文博士學位。曾任慶星大學中文系主任，現為該系教授。著有《王安石詩研究——以他的絕句詩為中心》、《王安石詩歌文學研究》等書及相關論文多篇，為韓國甚受矚目的中生代漢學家。

與王安石一生對話

——韓國漢學家柳瑩杓教授

也許是長久的歷史淵源，對於與我國有著「兄弟之邦」情誼的韓國，我們一直有一份沒有距離的親切感，且不說在地理上的相近，即從最簡單的文字上，我們也看到了中韓之間牽扯難分的複雜關係。漢字的大量存在，正顯示兩國在文化、歷史淵源的根深柢固、源遠流長。

雖然，兩國正式外交上的關係已中斷，但民間的文化往來仍持續發展，並未受到太大影響。韓國學生來臺留學的人數也依舊不少。在文化的領域中，我們可以說，中韓兩國似乎並無國界之分。

這種印象在我們熟知的韓國學者許世旭教授身上可以看到，他以中文寫的現代詩令我們讚歎稱絕，完全充滿了中國式的情感、思想；而在目前執教於慶星大學中文系的柳瑩杓教授身上，也可看出他浸淫於唐詩宋詞後那股溫柔敦厚的文人氣息。這些透過文學作品與中國結緣的漢學家們，從某個意義上講，都是我們中國文化家族中的一分子，是「邦之兄弟」。

韓國人對漢學極有興趣，一百多所大學設有中文系

外表斯文、淨白的柳瑩杓，此次是應中研院文哲所之邀，來臺進行十個月的訪問研究。韓國漢學界與我國的學術交流一直很熱絡，兩國間長期有交換教授、學生的計畫，這當然與韓國人對中國漢學研究具有高度興趣，而且成果斐然有關。柳瑩杓概略地介紹道，在一九七〇年左右，韓國只有八所大學開設中文系，現在則已增至一百多所，其中較知名的如日據時代即有中文系的漢城大學、一九五〇年代設立中文系的成均館大學，還有高麗大學、延世大學也都在一九七〇年代設置中文系，此外如韓國外國語大學的中文系也有不可忽視的研究成果。至於以研究漢學知名的學者如車柱環、李炳漢、金學主、洪寅杓、崔完植、許世旭、金時俊、李東鄉等，都在其專長領域中以媲美中國學者的研究功力而備受推崇。至於年輕一輩的漢學家，今年四十歲的柳瑩杓是其中甚受矚目的一位。

柳瑩杓的漢學訓練正是來自前身為京城大學的漢城大學。「我是一九七四年進漢城大學中文系。在當時韓國人的心目中，對中文系的評價並不高，我選擇中文系時，有位親戚就不贊成，認為漢字既難寫又難學。可是我仍堅持自己的興趣，二十年來，我已是中文系的教授，

學生也在社會各行業中工作。」

柳瑩杓會做此決定，一方面是他自唸中學起就對中國歷史極感興趣，如《三國演義》、《十八史略》等韓文本，開啟了他的漢學研究之門。另一方面，當他念釜山高等學校二年級時，有一地理老師提到，將來中國的影響力一定舉足輕重，他勸班上學生雖不必全唸中文系，但至少應有一人去唸。就這樣，柳瑩杓和另外兩位同學決定了以中文系為專業，許多年後，其中一位同學也是大學中文系教授，另一位則是香港鮮京企業的負責人。

進入中文系就讀後，唐詩、宋詞、中國文學概論、《楚辭》、《詩經》等課程，滿足了他對中國文學的熱烈追求，他彷彿找到了情感的依靠，便毫不遲疑地投入漢學天地中，從此無法自拔。「當時有些老師對我影響很大，如今年將近八十歲的車柱環老師，他學識淵博，是王叔岷教授的學生，兩人年紀差不多，以研究鍾嶸《詩品》知名，現任韓國學術院副院長，地位崇高；我的碩、博士論文指導老師洪寅杓教授，可惜去年過世了。其他如金學主、李炳漢等老師，都曾對我的研究多所指導、啟發。」柳瑩杓充滿感激地說。

古典詩是進入中國文學最直接、必須的門徑

在韓國的制度下，大學三年級時男生必須入營服役三十個月，退伍後再返校唸完大四，

這是為了使學生一畢業即可找工作。柳瑩杓在經過六個月嚴格訓練後，分發到三十八度停戰線、接近板門店的部隊中服役，由於軍紀嚴厲，不能有絲毫差錯，這兩年半的時光完全是在體能勞動、執行勤務中度過。退伍之後，他於一九八一年以論文《袁枚續詩品研究》獲得學士學位。

大學一畢業，他隨即考上漢城大學中文系碩士班。當他決定考研究所的那一刻起，就已經下定決心要以漢學研究為自己的終身職志，再加上他認為古典詩是進入中國文學最直接、也是必須的路徑，於是他選擇了以詩歌為研究重心，而對象則是北宋詩壇的大家王安石。兩年後，他以論文《王安石詩研究——以他的絕句詩為中心》獲得碩士學位。

對於自己會選擇王安石加以研究，柳瑩杓分析道：「我認為，王安石是一位在許多方面都值得研究的人。首先，他生活在專制君主時代的北宋，卻獲得宋神宗的絕對信任，而擊退了守舊勢力的強大妨害力量，堅決推行新法，可說是一位了不起的政治家；其次，在這個過程中，他跟保守派展開了思想路線鬥爭，而獲得了最後勝利；第三，雖然處在艱難的政治漩渦中，他依然是唐宋八大家之一的散文大家，又是代表北宋詩壇的大詩人之一；第四，他不但沒有盲從於舊傳統，富有求新改革的傾向，而且他還是個道德品質很高的人，曾經被陸象山評為『聲色利達之習，介然無毫毛得以入於其心，潔白之操，寒於冰雪』。他的這些傑出表現，深深吸引我而使我決定研究他的人與作品。」

從讀碩士班開始，他就著手研究王安石。由於碩士論文只考察了王安石的絕句詩六百餘首而已，缺乏對其經世思想和與新法推行相連繫的各種問題的理解，因此，基於深入研究的必要，他一畢業就再考入博士班深造。研究的議題仍然是王安石，只不過，這次他一唸就是九年。「我拿到碩士學位就開始教書，在釜山的慶星大學，大邱的嶺南大學、慶北大學等校擔任『時間講師』。主要是教中國文學概論、古典詩詞等課程。再加上我於一九八四年結婚，在為家庭、工作的奔波中，博士班唸的時間就比較長。」

吸取各種研究成果，分析王安石詩的內容與特性

在韓國，要得到專任講師的職位很困難，擁有博士學位卻仍是時間講師者比比皆是。從時間講師、兼任講師到專任講師，是一條漫長而必經的過程。可是一旦獲得專任講師的位子，要再升等為助教授、副教授、教授就不是太困難的事。柳瑩杓的過人之處，即在於他二十九歲就得以擔任慶星大學中文系專任講師。如此年輕就找到專任教職，他對自己的期許也相對提高，在一邊教書、一邊準備論文寫作的情形下，他的忙碌可想而知。

從讀博士班起，他就不間斷地發表有關王安石研究的單篇論文，如〈王安石之文學觀小

考〉、〈王安石經世思想研究〉、〈由《四家詩選看王安石詩的特性之一〉、〈理解王安石文學之先行課題〉等，充分顯現出他對此項研究的專注與用心之深。搜羅並閱讀有關資料，佔去了他大部分時間，他說明道：「研究王安石的專著，不論在大陸、臺灣和日本，一直不斷有新作出版，而我在撰寫論文時，對王安石的新法、思想與文學較感興趣，主要參考的書有梁啟超《王荊公》、鄧廣銘《中國十一世紀時的改革家：王安石》、東一先《王安石新法の研究》、夏長樸《王安石的經世思想》、夏敬觀《王安石詩選》、雷啟洪《王安石詩文賞析》、李燕新《王荊公詩探究》、王晉光《王安石詩技巧論》等。」

在掌握並閱讀大量資料的同時，他對博士論文《王安石詩歌文學研究》的架構、寫作方式也逐漸清楚起來。「我認為，要研究一個詩人的創作實踐，必須先研究那個詩人生活的時代狀況，亦即詩人的思想是如何被塑造的？對王安石來說，他是個新法的主要推動者，而他新法的思想基礎，體現在他獨特的經世思想。他的經世思想不僅反映在其詩作裡，也反映在他的一生事蹟中。因此，在研究王安石文學時，這一點格外重要。」柳瑩杓有條不紊地進一步解釋說，理解王安石詩的關鍵，主要在於詩人寫作作品時的心境究竟是如何？近來許多學者研究王安石詩，有一些論文呈現出體系完備的面貌，獲得相當高的成績，但是，他們仍然站在對王安石的片面非難或者過度讚揚的某一方面來展開議論，而在觀點的設定上，不免顯露出根本的弱點，尤其是王安石的許多作品沒有明確記載創作時間，所以一些評者以片面的看法來臆測某些作品的創作時間，反而誤解了王安石的心境，並進而造成對其詩作在詮釋上的偏差。

有鑑於此，柳瑩杓為確實把握王安石在創作某一首詩時的心境，首先吸取了近年來在文學以外的各種研究成果，再根據這些基礎，來推論王安石的主要作品創作的可能時地，並加以分析。他說：「王安石的一些詩至今仍以意境不俗而聞名，而對他在藝術成就上的探討，過去的許多研究者已獲很大的進展，所以我一方面接受及整理過去的研究成績，一方面又根據我自己建立的看法，試圖說明他的詩歌內容、特性與成就，以及他對後代詩壇的影響。」

黃庭堅與王安石都在創作態度上重視追求創新

在這樣的理解基礎上，他的論文《王安石詩歌文學研究》的寫作重點就集中在以下幾個方面：第一，他重視王安石創作時的心境。過去中國傳統社會裡，對於王安石的人格和罷相的經過、新法推行的狀況、王安石和宋神宗的關係，以及其經世思想等，有著許多誤解，而他在試圖糾正各種誤解的過程中，卻發現了支持王安石一生的最主要精神，是在於走在時代前面的驕傲，以這種心情來分析王安石的全部詩作，就可進一步發現其嚴謹的道德品質，以及不願落於人後的好勝心等，都在其作品中被形象化、具體化的事實；第二，一些王安石研究者認為，王安石的文學觀和作品風格，以退休為界線，前後期判然有別，但他認為這是沒有考慮每首詩的正確創作時間所推測出的錯誤。他的看法是，王安石作品風格的區別，應該放在他究竟比較重視詩的內容還是比較講究詩的表現力上，而王安石在中年以前較注重前者，中年以後則較注重後者。

其次，柳瑩杓透過集中考察王安石抒情詩和閒適詩的結果，發現了王安石有許多用平易的詩語來表現真性情的作品，這一點是王安石詩的一大特色，但過去的評論者幾乎沒有注意過。第四，過去的評論者常指出王安石詩在形式上的最大特點是技巧謹嚴，而這也同時是其缺點——傷工，但他在研究過程中，卻意外發現了王安石有許多詩意和技巧相吻合而渾然一體的好作品，這可說是王安石詩的另一項成就。最後，他也注意到王安石的詩長期以來被認為並無繼承者，但他藉著幾位研究者的研究成果，初步了解到黃庭堅在詩歌創作的態度上重視追求創新，這和王安石非常相近，因此，他認為兩人之間有一定的傳承關係。

這些新穎的觀點，在他的博士論文中有詳細的論證，也構成了這部四十萬字論文的特色。一九九二年完成後，他順利取得漢城大學中文博士學位，並於第二年由漢城法仁文化社出版。

一生志願是將王安石一千六百首詩譯成韓文

一直都在漢城大學讀書的柳瑩杓，笑稱自己並沒有「遊學」經驗，甚至在研究課題上也一直以王安石為中心，雖然也曾對王昌齡、曾鞏等人進行一些探討，但他卻「一往情深」地準備與王安石展開一生對話，他意味深長地表示：「王安石的詩雖然已有不少研究，但尚未翻譯成韓文的詩還很多，我希望在一、二十年後，可以像日本人譯完李白、蘇東坡全集一般，將王安石全部約一千六百首的詩全部譯完，這可說是我的一生志願。」

對自己的論文，他覺得可修訂處尚多，「以前寫論文時，膽子太大了，現在覺得缺點不少，膽子也變小了，因此打算找時間再加以增修。」這次來臺，就是因為在博士論文中雖曾提到曾鞏，但當時並無多餘時間來處理，現在發現了這方面的許多資料，遂準備撰寫《王安石與曾鞏交遊考》，以補博士論文之不足。

出生於釜山附近密陽郡一處農村的柳瑩杓，雖然六歲時就已全家搬到釜山，但仍有不少親戚住在那個山水風景極佳的家鄉，而由於父母都在釜山的關係，他選擇了位於釜山的慶星大學，做為自己研究生涯的落腳處。期間他由講師一路升到教授，並曾二度出任中文系主任一職，這種人生方向的選擇，雖說是自己努力的掌握使然，但師友的提攜、家人的支持，才是他一直勇往直前的動力。照顧著公婆與兩個女兒，他的太太一直稱職且出色地扮演著默默鼓舞的角色，使他得以在教學研究的忙碌生活下，全無後顧之憂。

中文系現在在韓國是最走紅的科系

教了十幾年書，他最大的感慨是「中文」這個曾經使他被親戚們質疑的科系，如今時來運轉，已成韓國熱門的科系之一，他笑著說：「當年即使是漢城大學中文系畢業者也不一定能找到可發揮的工作，現在則不同，社會上對中文系學生的需求量很大。從八〇年開始，因為要與大陸發展經貿關係的緣故，很多大企業都成立中文部門，可以說，中文系現在在韓國是最走紅的科系。」

從冷門到熱門，柳瑩杓是如人飲水，冷暖自知。當年若非堅持對中文的一份熱愛，他不會踏進賺不了錢的中文系，也不會在同學各有值得誇耀的發展時，依然埋首於文學研究的冷清書齋中，當然，也就不會對中文系今日的際遇有如此深切的體會。

喜愛下圍棋的他，目前的棋力是二級。在韓國，業餘棋士的棋力是從十八級算起，最高是一級，一級以後就是專業棋士。他常常以下圍棋排解壓力，讓自己身心澄靜下來。他覺得兩人安靜對奕，黑子白子一起一落，充滿了某種難以言傳的節奏，那種感覺像對話，完全是心靈上的交流契合。這種奇妙的感覺使他愛上了圍棋。而也是因為這種感覺，他在研究王安石的人與詩時，覺得如與老友下棋、對話般自在愉快，從宋到今，他透過作品穿越千年，找到了自己可以一生對話的知己。

看來，在人生縱橫交錯的大棋局中，他已下了一盤好棋。

中華民國八十四年十月十七日中央副刊

（郭惠煜／攝影）

關於若林正丈

若林正丈，一九四九年生於日本長野縣。東京大學教養學部國際關係論分科畢業，一九八五年獲東京大學社會學博士。曾任東大教養學部外國語科助手、助教授，現任該科教授。學術專業為區域研究，尤以臺灣政治評論而知名，著有《臺灣抗日運動史研究》、《臺灣海峽之政治》、《臺灣—分裂國家與民主化》等書，編有《臺灣百科》等多種。

在臺灣歷史中蓄勢待發

——日本漢學家若林正丈教授

正如若林正丈在他的著作《臺灣——分裂國家與民主化》一書中所說的：「轉型期政治過程的最大特色是不確定性。」四十六歲的他，覺得自己也正面臨著學術生涯的轉型期，因此，他對自己未來將投身於何處也不免有些許茫然的不確定性。在這充滿不確定感的關鍵時刻，他強迫自己放慢腳步，給自己充分的時間冷靜思索，就這樣，他利用一年的休假時間，來到臺灣，一方面觀察立委及總統選舉，一方面也思考到底下一步該怎麼走。

閱讀吳濁流《亞細亞的孤兒》，促使他研究臺灣歷史

「常有人問我這次來臺做什麼研究?我可以清楚地講，沒有。只是搜集一些資料，參加研討會，每天看看報紙而已。雖然不忙，但心情上並不輕鬆，」他笑著說：「現在正面臨迷

失方向的困擾。」

從去年五月即來臺，在中研院民族所提供訪問學人的名義下，他將在臺一直停留到今年三月總統大選之後離臺。一九四九年生於日本長野縣長野市的若林正丈，最初的研究興趣是日據時期的臺灣歷史，主要的研究成果是他的博士論文《臺灣抗日運動史研究》。自一九八〇年代開始，臺灣一連串的政治變革——包括「黨外」出現、組黨、解嚴——令他深感興趣，遂把歷史研究暫時擱下，花了十年工夫投入在政治研究，而主要的成果是《臺灣——分裂國家與民主化》一書。然而，那十年的熱情，若林正丈表示，現在已逐漸淡去，很想回歸歷史研究，但這一、二年仍將處於舉棋不定的狀態。「當上教授之後，事務繁忙，沒有時間考慮下一步的學術生涯如何規劃，因此，這一年正好可以讓我靜靜的思考。」面臨著這種不確定感，若林正丈的苦惱不言可喻，但對他而言，這卻又是一種必要的困擾。一如他當年的選擇研究臺灣歷史，明知資料缺乏與研究不易，他仍義無反顧地做了認真的決定。

「下決定是很慎重的，但促使我下決定的機緣卻是很偶然的。」若林正丈以其一口流利的中文娓娓道來：「大四那一年，有人介紹我見到了臺灣作家吳濁流，並閱讀他以日文寫成的代表作《亞細亞的孤兒》，令我震撼不已。我雖知道臺灣是日本南方的鄰國，但一直對臺灣的生活、歷史毫無所知，我對此深覺訝異，剛好那時要選一個大學畢業論文的題目，於是我選了一九二〇年代有關臺灣抗日運動的題目，這促使我想進一步繼續研究臺灣歷史。我覺得，對日本社會而言，研究臺灣歷史是必然且必要的事，但對我而言，則是一偶然的過程。」

從二十幾歲就留意臺灣問題，若林正丈在日本史學界中，算是早期的臺灣史研究者。老一代的臺灣史研究學者寥寥可數，即使是他的碩、博士論文指導教授對臺灣歷史其實都毫無所知。在這條路上，他完全靠的是自己摸索。

戴國煇主持的臺灣近代史研究會對他撰寫論文幫助很大

若林正丈於一九六八年三月畢業於長野縣立長野高等學校後，四月進入東京大學教養學部文科，四年後以國際關係論分科畢業。在當時的「國際關係論」，包括了「區域研究」（Area Studies），學生可以自由選擇一個區域來研究，而他就選擇了臺灣。「當時東京大學沒有這方面的師資。我主要是得益於從臺灣到日本的學者戴國煇教授，他那時候在亞細亞經濟研究所擔任研究員，同時主持一個非正式的研究臺灣近代史的研究會，每月舉行例會，由不同學者輪流報告，而我從大四起開始參加。在有關臺灣歷史資料非常缺乏的情況下，這個研究會成為當時了解臺灣消息的重要管道。與會學者老、中、青三代皆有，對我撰寫論文幫助很大。」

若林正丈特別提到研究會所出版的會刊《臺灣近現代史研究》，他認為那是一九七〇年代日本研究臺灣歷史的重要刊物，可惜只出版到第六期即中止。在這六本刊物中，大量介紹了有關臺灣的史實、現狀，如〈臺灣總督府之糖業保護政策之展開〉、〈日本帝國主義之臺灣山地支配〉、〈上野專一——日清戰爭前之臺灣認識之先驅者〉、〈雜誌《臺灣文學》之誕生〉、〈日本之殖民地支配與臺灣籍民〉、〈《文藝臺灣》與《臺灣文藝》〉、〈臺灣及南支那視察日誌〉等，對日本學者了解臺灣提供了許多第一手的資料。對於戴國煇教授及其研究會，若林正丈語帶感激地一再表示幫助太大了。

從吳濁流的小說進入臺灣歷史研究，他始終沒有以文學為研究重心，「對臺灣文學，我一直是視之為歷史史料的反映，從這個角度去了解。」他有些不好意思地說，太對不起文學了！不過，和他同時研究臺灣的朋友中，有二、三位對文學有興趣，他們曾合編一份介紹當代臺灣文學作品的刊物，陸續介紹了包括王拓、陳映真、李喬、宋澤萊等人的作品，可惜也只出版三期就停刊。其中一期的解說是由他執筆，後來葉石濤曾將之譯成中文發表，「也僅僅只有那一篇而已。我的專業還是在區域研究，一直就不敢寫文學。」他推推眼鏡，低緩的語氣中流露出一貫的謙虛與平靜。

從《臺灣總督府警察沿革誌》中尋找研究臺共的資料

至於區域研究，他認為這是一門開拓性的學科，包含許多面向，可以透過文學、歷史、政治、經濟等不同角度去理解。對區域研究的投入，最具體的成果是他於一九八三年完成出版、並於八五年以此申請通過博士學位的《臺灣抗日運動史研究》一書。提起這本書，他頓時顯得興致勃勃：「這本書中的篇章，是從不同角度、針對不同對象所寫的文章匯集而成。每篇角度都不同。例如第三章是有關臺灣共產黨的分析，這一章其實是我的碩士論文《日本統治時期的臺灣共產黨》的縮寫。」他進一步解釋道，歷史必須根據史料說話，在一九七○年代中期，有關臺共的研究在臺灣、大陸都是禁忌，因此受到很大的限制，不過，他還是設法搜集了一些資料，如東京大學圖書館中有《臺灣日日新報》，他逐日翻檢出一些蛛絲馬跡；他也在日本外務省的外交檔案中找到一些；有研究日本現代史的學者曾找出一些外務省檔案中有關臺灣的資料，給了他一些幫助；有一本介紹臺共人物的書很重要，他透過一位哈佛畢業的東大老師幫他在哈佛燕京圖書館找到並複印；至於最具參考價值的則是一套五冊的《臺灣總督府警察沿革誌》，因為臺共都是被鎮壓、逮捕、審判的對象，會留下記錄，警察還收集了他們開會的傳單、記錄等，都是難得的第一手材料。這套由臺灣總督府警務局編纂的沿革誌，分別為《警察機關之構成》、《領臺以後之治安狀況》、《臺灣社會運動史》、《司法警察及犯罪即決之變遷史》、《警務事績篇》，可以說是日據時期臺灣政治社會運動史、近代日本殖民地史研究上不可欠缺的基本資料。即使找到這些資料，終究還是不足，因此，他只能就臺共的革命策略加以發揮而已。

「同樣的，這本書的第一章，探討的是大正時期臺灣議會設置請願運動的問題，也因為資料的不足，只能選取其中的一個角度來切入。一九二〇年代，臺灣的知識分子如蔡培火、蔣渭水等人，向日本帝國議會請願，要求在臺設立一個審查有關臺灣之預算、法律的議會，是一種很溫和的自治運動，而值得注意的是，大正時期是日本戰前出現一段很短暫的自由氣氛的時期，我將日本本國的這種狀態和他們的自治運動聯繫在一起，從日本中央的脈絡中去理解這個運動，看他們如何面對臺灣方面自治的要求，我這篇論文的重點在此。」他仔細分析道：「由於我在日本，相關的動向比較容易掌握，但臺灣方面的資料則無法，因此，這個運動在臺灣島內如何進行的研究比較薄弱，這主要還是資料的緣故。」

站在街頭觀察臺灣選舉，覺得那是政治學的教室

對若林正丈來說，這部論文是他研究臺灣歷史的初步成果，也是他學術生涯的起點。此

後有關臺灣的著作便陸續編寫、出版，至今已有《轉型期之臺灣——「脫內戰化」之政治》（一九八九，田畑書店）、《臺灣海峽之政治——民主化與「國體」之相剋》（一九九一，田畑書店）、《臺灣——分裂國家與民主化》（一九九二，東京大學出版會）、《東洋民主主義——臺灣政治之考現學》（一九九四，田畑書店）等幾部著作；此外，也和其他學者共編了一些概論、介紹性的書，如《臺灣——轉換期之政治與經濟》（一九八七，田畑書店）、《臺灣百科》（一九九〇，大修館書店）、《岩波講座——近代日本與殖民地》第一至八卷（一九九二、九三，岩波書店）等。如此豐富的著作量，說明了他在這一領域的用力之深，撰述之勤。

「坦白說，這些作品中真正下功夫的只有兩本：一是博士論文，一是《臺灣——分裂國家與民主化》。」他還是不改謙虛的本性，淡淡地表示，希望能有第三本真正的學術著作，這樣就可以結束他的學術生涯。

提起這本後來譯成中文、由臺灣月旦出版社出版的《臺灣——分裂國家與民主化》，不能不提他這十年來走上研究現代臺灣政治的背景。從觀察臺灣的各項選舉，到在日本報刊發表大量評論臺灣政治現況的文章，若林正丈可以稱得上是評論臺灣政治的權威，也正因為如此，當他想重返歷史研究，逐漸淡出評論舞臺時，便顯得有些身不由己了。

他追憶起這段因緣道，從八〇年代開始，才有機會較頻繁地來臺，而得以研究當代臺灣。

當一九八〇年二月，他第二度來臺時，臺灣正好面臨了一些危機。在前一年年底，才剛發生「美麗島事件」，然後在他停留臺灣期間的二月二十八日發生了「林宅血案」。「那是民主運動勢力領導者之一的臺灣省議員林義雄，因美麗島事件被捕入獄，而家中在白天遭人侵入，並發生其母親與女兒被殺害的事件。那一天，正好與發生於三十多年前，所謂現代臺灣史上最大的歷史悲劇『二二八事件』是同一天。在此之前，我研究的是日治時期的臺灣史，對於當代的的臺灣缺乏了解，但由於這些事件發生時，我正好在臺灣，所以深深地感覺到這些事件對臺灣社會的衝擊，以及由於這些事件的發生而籠罩臺灣社會的悲傷。」他感慨地繼續說：「那一次的所見所聞，對我有很大的吸引力，使一向從事歷史研究的我無法平靜下來。接著在八三年底時，我決定來臺觀察國大代表及立委的『增額選舉』，並於回國後戰戰兢兢地以筆名在《報導周刊誌》投了一篇文章。這是我從事臺灣『選舉觀察』的開始。其後一直到現在，八五年的地方公職選舉，八六年的立委選舉，八九年的國大代表、立委、地方公職人員同時選舉，九一年第二屆國代選舉，以及去年底的立委和今年三月的總統大選，我都沒有缺席。我覺得這是我的臺灣政治研究不可或缺的田野工作。事實上，當我站在街頭觀察選情時，我認為那既是政治學的教室，也是民主主義的補習學校。」

正因為他有實際而深入的「臺灣觀察」經驗，加上長期對臺灣近、現代史的研究，使他對臺灣政治的評論獨到而犀利，因此每當臺灣政治有重大事件發生時，他就成為報刊爭取撰文分析的權威學者。「其實，在臺灣經商的一些大商社如三菱等，搜集消息的能力很強，只是將消息透過學術方式表達的不多而已。」他補充說。

臺灣研究在日本的教學尚未如中國研究一般制度化

在他自認真正下過功夫撰寫的《臺灣——分裂國家與民主化》書中，他意圖以政治體制論為主軸，究明臺灣政治結構及其變動的方向，涵蓋的時間則是從一九四五年到一九九一年十二月初。全書運用兩個角度，一個是政治體制的轉型、確定——從日本戰敗、臺灣脫離日本統治、陳儀政府來臺接收、二二八事件、四九年後國民政府來臺、逐步實施黨的改造、地方自治、建立威權體制、透過選舉與地方勢力結合，然後威權體制在七〇年代末期開始鬆動，特別是八六、八七年後更是一段明顯轉型期，這本書主要就是描述這個過程的原因、特色等；此書的另一個主軸是提出臺灣獨特的意識型態爭執與對立——他理解到，臺灣在政治轉型過程中，所產生新的意識型態，並非要求民主自由，而是統獨問題，而這與省籍問題、威權體制、民主化等有微妙關係，因此，如何解釋臺灣特有的意識型態衝突，是研究當代臺灣政治學者不可避免的問題，而他試圖以「臺灣民族主義」來解釋臺灣政治現況，並提出「威權主義體制民主化的政治社會學」與「臺灣國家與社會的歷史社會學」這種雙重四角的方式，來進行臺灣政治論的研究。

「寫完這本書時我有一種告一段落的感覺。同時我覺得若要更進一步的深入研究，須有『重新認識臺灣』的必要。事實上，從九一年至今，臺灣政治的變化速度與範圍，早就可以再寫好幾本書了。只不過，我自己正在思考未來的方向，而且當年的激情已漸漸淡化了。」若林正丈略顯疲倦地表示，他的專業是在區域研究，但臺灣研究在日本的教學尚未如中國研究一般制度化，如果他不在東京大學，則東大就沒有人教有關臺灣的課程，而日本全國也不過五、六位學者研究臺灣，因此這一領域十分寂寞。他開玩笑地說，助教就當了八年，可以證明臺灣研究在日本是沒有市場的。

目前「臺灣研究」在臺灣是熱門的顯學，但在日本則相對冷清。在他指導的研究生中，沒有一個日本學生研究臺灣，反而是留學日本的臺灣留學生有一些開始研究臺灣，並陸續將研究成果在臺灣、日本發表，這對日本學界自然有其影響。若林正丈所指導的學生大部分是臺灣留學生，主要的研究議題集中在臺灣近代史及戰後歷史。

評論政治的激情漸淡，思索回歸歷史研究

也許是自己曾經嘗過找不到職位的痛苦，因此，他不敢強迫或引導日本學生研究臺灣，他說：「有些大學有了空缺，需要中國研究的師資，可是一看我的論文都是臺灣研究，就覺得不適合。我在東大升副教授，並非需要我的臺灣研究專業，而是我的中文語文能力。幸好後來有『區域研究』課程，才開始教授亞洲政治與歷史，而也才有一點發揮的機會可以談談臺灣。」在這種不受重視的大環境下，無怪乎他有時會感到連發表論文也興味索然了。

不過，他最後強調，以前中國研究很少會注意到臺灣問題，但現在已有所轉變，大家都認識到，要談中國問題不能忽略掉臺灣。可以說，這十年來的變化太大了。「當然，我很慶幸，這十年的轉變，我能夠躬逢其盛，從街頭選舉到學術研究，我都算是一個親歷的見證者吧！」

十年的時間，臺灣政治的變化讓人目不暇給，但相對於這種熱鬧與喧囂，在日本的臺灣研究依然冷寂。若林正丈很清楚，浮面的掌聲並不重要，實質的潛力才能長遠，正因為清楚，他才會對自己的人生路向陷入長考的迷惑中。轉型期難免會有不確定感吧！他若有所思地微笑起來。從他深邃但不失堅定的眼神中，我可以清楚感覺到一股準備回歸臺灣歷史研究的熱

情，正在蓄勢待發。我想，他心中自我期許的第三本重要著作，應該已經開始隱隱成形了。

中華民國八十五年一月二十七日中央副刊

美洲篇

（郭惠煜／攝影）

關於康士林

康士林教授(Nicholas Koss)，一九四三年生於美國賓州，美國印第安那大學碩士、博士，現任輔大英語系、翻譯研究所教授。主要專長在《西遊記》版本、宗教與文學關係以及華裔美國作家文學之研究，著有《西遊記明末版本之研究》，編有《文學與宗教——第一屆國際文學與宗教會議論文集》等。

縱情於文學與宗教之間

——美國漢學家康士林教授

「我不算是漢學家。」

現任輔大英語系所與翻譯研究所教授的康士林(Nicholas Koss)，在訪問的一開始就對我如此強調。一副金絲圓邊眼鏡，溫文儒雅的外表，加上一口字正腔圓的國語，如果不是他高大的身材與美國人的臉孔，只聽他的聲音恐怕不易辨認出他的異國身分。看他搖頭強調的神情，嚴肅而莊重，彷彿要否定一件與他根本不相干的事。

「我只是一個漢學的愛好者而已。」

他並非因為喜愛漢學而來到臺灣，不過，二十多年來臺灣的豐富文化、歷史傳承、學術成就與教育環境，對他而言，正好提供了他走入漢學研究殿堂、探求漢學深徑的極佳條件。

他的走入漢學世界是一個偶然，這個偶然，則必須從他與臺灣的一段機緣說起。

用西方版本學的方法去研究明末《西遊記》的三個版本

「我第一次來臺灣是一九六六年，」康士林用他沈穩、略嫌緩慢的語調回憶道：「那時我剛從美國賓州的一個小學院畢業。北平的輔仁大學是二〇年代由天主教的本篤會所創辦，三〇年代時因美國的經濟景氣不佳，缺乏經費繼續辦下去，後來決定遷移到臺灣。我是本篤會的修士，在一九六六年時，教會希望我們能協助教學工作，於是我就來臺灣。自一九六六年至一九六九年期間，我先在新竹華語學院學習國語，同時在新竹中學教授英文課程。」

一九四三年出生的康士林，當時不過是二十三歲的年輕人，在未到臺灣之前，對中文毫無概念，由於在竹中教英文，他利用機會在學校旁聽國文課，收穫甚多，也從此對中國文學產生了興趣。三年之後，他返回美國進入印第安那大學研究所研讀比較文學，而這三年的「臺灣經驗」，使他決定了以中國文學為研究重心。因為中外文學的比較研究需要長時期的時間、心力投注，因此，整整十年的研究所生涯，他大部分都是在圖書館中度過。

「我的碩士論文是關於《西遊記》、《封神演義》關係的研究。」康士林興致高昂地談起這一段研究的心路歷程：「我最初是對佛教有興趣，很想了解佛教對中國文學有何影響，而《西遊記》正是一個極佳的典型。而且，我對唐三藏這位佛教人物與小說人物的不同頗覺有趣，很想進一步了解。由於對《西遊記》有興趣，遂接著讀了《封神演義》，發現其中有四十首詩幾乎完全相同，過去似乎無人發現過。有些人對這兩本書的成書先後有疑問，經我分析這些詩後，認為《封神演義》的詩是源自《西遊記》，因此它的成書年代應比較後些。」

對版本研究也有高度興趣的康士林，在撰寫博士論文時，便進一步地研究《西遊記》的明代版本。在他的博士論文《西遊記明末版本之研究》中，他用西方版本學的方法，從每一回的章目、修辭、風格、詩句中，去研究並比較《西遊記》的明代三個重要版本，並定出其先後順序。這三個明代版本分別是：金陵世德堂的《新刻出像官板大字西遊記》，一九二七年由鄭振鐸在巴黎發現；明末朱鼎臣編《新鍥全像唐三藏西遊釋尼（厄）傳》，一九三一年由孫楷第在東京發現；陽至和《新鍥三藏出身全傳》，由昌彼得教授告訴杜德橋(Dud bridge)而於一九六九年在英國牛津大學圖書館發現。

「歷來學者對這三版本的先後次序有不同的看法，例如魯迅認為陽至和本最早；胡適主張世德堂本最早；孫楷第也認為世德堂本最早。英國學者杜德橋與日本學者太田辰夫(Ōta Tstsuo)雖不確定那一版本最早，但都認為朱鼎臣本最晚。美國的柳存仁教授則認為朱本最早。對這一點，我在論文中詳加考證，其結論與柳存仁的意見較接近。我認為，朱鼎臣最早，其次是世德堂本，世德堂本擴大後成為陽至和本。朱本與陽本則無直接關係。」

組織「亞洲宗教與文學學會」，發行期刊並舉辦會議

此外，他還發現，從版本上所保存的文字來看，也可採求口頭文學與書寫文學之間的差異。最重要的是，從版本的先後，可以看出《西遊記》的結構變化，看出編輯是如何更改其文字，使這個原本是佛教的故事，在受傳統儒家影響的編輯更改下，變成富有儒家色彩的文字。換言之，從版本考證下手，足以明瞭這部小說曲折的成書過程。

康士林在一九八〇年拿到博士學位後，就立即來臺在輔大英語系任教，至今在臺灣也待了近二十年。他很謙虛地表示，由於過去用在教學上的時間較多，自己研究的時間較少，因此研究成果並不多。

「我特別對宗教與文學的關係感到興趣，一九八六年在輔大召開了第一屆國際文學與宗教會議，一九九〇年又舉辦了第二屆，這兩次活動都由我負責，花了不少時間。此外，我們也組織了一個『亞洲宗教與文學學會』，前年在東京成立，有日、韓、臺、港、菲等地學者參加，我擔任總務工作。我們在這些國家舉辦會議，也發行期刊。我目前正在收集這方面的資料，準備做成目錄。我和中山大學外文系的蘇其康教授一起負責中國文學方面的目錄。」

由於是修士，不能結婚，他一直住在修會宿舍，也把所有的時間都奉獻在教學與研究上。

在輔大英語系的課程方面，他開了「《紅樓夢》研究」、「海外漢學」、「西方文學如何描寫中國」等課。特別是《紅樓夢》，他一直深感興趣，很希望能有時間看看其早期的版本。他也認為，《紅樓夢》是一部中國最好的古典小說，它充分反映了中國社會的面貌，不論中外，若想真正了解中國社會人情，這部小說恐怕是必讀的經典之作。

受齊邦媛影響，翻譯陳映真、劉大任、韓秀的作品

「《紅樓夢》的版本問題也很有趣，」康士林談起版本學，顯得興致高昂許多：「我認為，《紅樓夢》後四十回一定不是曹雪芹所作，因為前後的敘述結構截然不同，至於是誰所作，則非我興趣所在。我比較注意的是版本考證及寫作技巧。」

正因為對中國文學的浸淫鑽研，使他對自己美國的文學也產生了更大的興趣。他也很希望能在大學中文系教書，不論是版本學、《紅樓夢》、《西遊記》等課程均可。而從去年開始，他已在輔大中研所講授「漢學英文」這門課。在他目前開設的課程中，有一門「西方文學如何描寫中國」特別令人好奇，他解釋道，這個課題自他唸研究所起即十分注意，近二十年來，他始終不間斷地收集這方面的資料，目前也計畫寫這類論文。

「這個構想主要是來自於我的博士論文指導老師歐陽貞教授，他教的是比較文學課程，

對此課題頗有研究。事實上，我的漢學研究之路，受了不少位老師的影響，例如柳無忌教授，他當時在印第安那大學東亞系任教，我常去上課旁聽，目前他已退休；另一位是歷史學家鄧思玉教授，還有李歐梵教授，此外，芝加哥大學余國藩教授，他是研究《西遊記》的專家，對宗教與文學都有研究。我受到他們不少的啟發與指導。」

至於在臺灣這段期間，則受齊邦媛教授、羅光校長的影響較大。特別是在翻譯現代文學作品方面，主要是齊邦媛教授的推動，他協助把一些臺灣的短篇小說翻譯成英文，例如陳映真的〈山路〉，劉大任的〈杜鵑啼血〉等。而目前正在進行的有十幾篇散文的翻譯，例如羅蘭、孫瑋芒等人的作品，部分並發表在《筆會季刊》上。最近翻譯完成韓秀《折射》書中的一章〈火〉，也即將發表。

除了翻譯工作的持續進行，他也在輔大翻譯研究所擔任翻譯課程，他陸續指導了不少學生，有的將羅光的書譯成英文，也有的翻譯豐子愷、張曉風的散文。透過翻譯，他大量接觸了在臺灣的現代文學作品，也深深為之著迷。至於《紅樓夢》、《西遊記》的研究，宗教與文學關係的探討，乃至於西方文學中對中國的描寫、華裔美國作家文學的涉獵，都將是他未來不斷探勘的學術領域。他不敢奢求自己有璀璨的成果問世，但至少每一步路，他都期許自己能步步踏實，替學術交流與光大盡一份心力。

雖然，他一再強調自己不是真正的漢學家，只是一個對中國文學有興趣的異國學者而已，但是，從他多年來在這塊土地上生活，接觸的又是中國深邃的文學世界，以及他在教育工作上的心血付出，我們可以相信，在他冷峻、沈靜的異國臉孔之下，其實是有著一顆熱情、而且又非常中國的美好心靈。

有這樣的溫暖情懷，是不是真正的漢學家，也就不重要了。

中華民國八十三年三月二日中央副刊

（郭惠煜／攝影）

關於田　浩

田浩(Hoyt Cleveland Tillman)，一九四四年生於美國，哈佛大學歷史博士，現任亞利桑納大學歷史系教授。早期研究宋代思想文化，近年則專心研究儒學家對諸葛亮的評價。著有《陳亮與朱熹的辯論：明道誼而計功利》、《陳亮之公利公法論》、《孔子論述與朱熹之竄起》等書，以及〈金代思想家李純甫和宋代道學〉等論文多篇。

尋找英雄的過程

——美國漢學家田浩教授的諸葛亮研究

目前任職於中研院史語所的黃進興教授，在最近出版的《優入聖域：權力、信仰與正當性》一書中，曾對田浩教授有如下一段描述：

田浩教授治中國思想史有年，早年遊學哈佛，受教於史華慈(Benjamin I. Schwartz)與余英時兩位先生。曾數度前往亞洲地區探究中國文化，一向對中國文化抱著「同情地了解」的態度，對中文資料的掌握不僅十分嫻熟，而且運用地十分允當，在中、外學者之中，這都算是難能可貴的長處。

這段話很貼切地說明了田浩的治學態度與學術專長，從事漢學研究二十餘年來，他一直就是這樣以材料為根基，踏實、謹慎地從事宋代思想史的相關研究。

治學態度的形成深受史華慈、余英時兩人影響

這種態度的形成，田浩不加思索地指出，主要是受他的碩、博士論文指導教授史華慈與余英時兩人的影響，特別是余英時先生，給他極深的身教，他說：

「余教授作研究的方法很客觀，強調材料，按照歷史的事實，不同於有些學者是根據理論找材料，他是根據材料找題目。在他的指導下，我覺得最大的困難是尋找材料、了解材料。在哈佛唸書，天天跑圖書館。即使如此，我並不覺得辛苦，因為他很幫忙學生，連余師母都很照顧我，加上他自己治學的精神比我們更嚴謹，讀書更用功，我們都自嘆不如。因此，我反而覺得作研究是一件很快樂的事。」

其實，田浩會對中國古代史產生興趣，完全是一偶然的機緣。一九四四年生於美國佛羅里達州的他，父親是一飛機零件修護廠的技工，家中完全沒有研究學術的風氣，兄弟三人中，只有他對文化、歷史有興趣，他笑著說，在唸研究所以前，不僅對亞洲不了解，連一個中國人也沒見過，因此他原本是對歐、美歷史文化有興趣，大學時也主要是以此為閱讀方向。

「一九六二年，我進入一所位於密西西比州州政府所在的Belhaven College讀書。大四時，

選修一門歐洲近代史課，而且必須到鄰近另一所大學去上課，由於我是外校選修，因此他們把我的位子安排在最後面。有一天，老師帶來研究報告的題目，要我們自行挑選。我最後才拿到題目，因當天恰有一同學缺席，因此我才有兩個題目可選擇。一題是關於三〇年代波蘭政府的政策，一題是關於中國近代史。我選擇了後者。那是很辛苦的一次經驗，因為我毫無概念，圖書館員也不知從何找起，全靠自己瞎碰，然後才稍微有一些了解，也才發現中國歷史很值得研究。」

不過，田浩並沒有因這一次的機緣而走進中國歷史。他大學畢業後進入亞特蘭大的Emory College唸歷史研究所，依然想繼續研究歐美史。不料，第二次機緣又向他叩門。有一位從哈佛大學來的教授，正巧在那一年開了一門課教東方歷史，在那位教授的引導下，他對中國史產生了更大的興趣，但由於該校只有這一位相關師資，於是他申請進入維吉尼亞大學，跟隨林毓生教授與美籍學者Maurice Meisher 治中國近代史，一年後以論文《六〇年代大陸共產黨的宗教辯論》獲碩士學位。至此，他已決定今後將以中國史為研究方向。這一次的叩門，他虛心、喜悅地開門接納。

從思想上看陳亮是儒家，而非大陸學界塑造的法家

畢業後，承兩位指導教授的協助，他申請進入哈佛大學歷史研究所，隨余英時、史華慈兩位教授攻讀博士學位。由於制度的規定，他又重新唸了兩年碩士班，獲碩士學位，然後才唸博士班。在進博士班的前一年，他特地與新婚妻子一起到臺灣的史丹福中心學習一年的中國語文，讓自己儘量深入到中文世界裡。

那是一九七〇年，也是他第一次來臺。他的太太宓聯卿女士雖然是華僑，但因生於中美洲，在南美洲長大，然後才到美國，因此中文程度並不好。一九六九年夏天，田浩到Middlebay College的中文班進修中文，而在紐澤西州一所中學教西班牙文的宓聯卿恰好也去了。兩人因此而認識。一年後就共結連理。有趣的是，余英時的太太正好在那中文班授課，因此余夫人對田浩夫婦始終關懷備至，多方照顧。

一九七六年，田浩以論文《陳亮與朱熹的辯論：明道誼而計功利》獲得哈佛大學博士學位，然後他隨即進入亞利桑那州立大學歷史系任教，至今已近二十年。主要是教授中國通史、亞洲文化史、中國科技史等課程。

談到博士論文，田浩興致高昂地提出他個人的一些發現：「中央圖書館有一宋朝版本的《圈點龍川水心二先生文粹》，內有陳亮、葉適二人的文集。以後又有一種明末版本。而所有近代學者都使用明代版本，一九七四年大陸中華書局出版的標點本《陳亮集》，也是採用明代版本。大概是明代學者將陳亮的著作加以竄改，而後人也一直沒發現，有了中央圖書館的宋朝版本相對照後，即可看出明版本的一些錯誤與被刪改過的痕跡。」

田浩舉例說，在《陳亮集》中有〈三國紀年〉一卷，清楚地是把曹魏視為正統，但明代版本卻改成以蜀漢為正統；又如陳亮一篇重要的論文〈人法〉，明代版本均無，宋代版本則有。他後來根據此文寫了一本小書《陳亮之公利公法論》(*Chen Liang on Public Interest and the Low*)由夏威夷大學出版社於今年九月出版。

另外，《陳亮集》中有〈漢論〉五卷，自明代以來即無，但在宋版中有此文。田浩研究後發現，一般學者都以為陳亮是一徹底反對儒家，特別是反對道學的人，其實陳亮在中年時期，有一段時間深受儒家影響，後來才改為較激烈地批評道學。田浩認為這一段還是很重要，可以讓我們了解其立場轉變，也可看出其對儒家道學的認識，有的學者以為陳亮不了解道學，加以批評，事實上是這些學者不了解所致。

「大陸中華書局出版《陳亮集》時，正值批林批孔時期，中共有意將陳亮塑造成法家，視為批判儒家的代表。在書前的序中指出，宋代有二大法家，一是北宋的王安石，一是南宋的陳亮，因此對陳亮大加推崇。我個人覺得，從思想上言，陳亮根本是儒家，不但有一時期受影響，而且以後也沒有轉到法家。陳亮比較強調經世致用的儒家傳統，轉接近荀子立場。

我在《陳亮與朱熹的辯論》一書中表達了這一觀點。」

用字謹慎，不像某些學者濫用「冠冕堂皇的語彙」

田浩的博士論文在修改後由哈佛大學出版。對於這部頗受學界肯定的著作，黃進興教授認為，歷來對宋明理學的著作絕大部分集中在二程（程顥和程頤）、朱熹、陸象山和王陽明諸大儒，卻少有專著涉及其他諸儒，尤其被「正統派」目為「異端」的永康、永嘉學派諸君子更是受到忽視。這種情形在英文著作裡尤顯得突出，但隨著西方漢學的進展，學者逐漸有餘力旁及所謂的「異端邪說」，而田浩的這部專著即可視為在此一趨勢下的一個例證。

黃教授特別推崇他用字謹慎，不隨便使用眩人耳目的理論詞彙，不像某些學者濫用「冠冕堂皇的語彙」(big terms)，弄得滿頭霧水，對學術的推進並無益處。這本書的完成，正可看出其業師史華慈與余英時兩位先生的學風，例如他採取史華慈教授討論中國思想「相對兩極」的組合概念，像「修身與平天下」、「內聖與外王」或「知與行」等，以分析陳亮與朱熹思想的糾結，而不致陷於截然二分法的偏頗，確實頗為精當。而他能從宋代理學內部理出陳亮思想源流，想必受到余英時教授的啟示良多。他結合二家之長，推陳出新，迭有創見，是很不容易的。

這次應我國漢學研究中心之邀，來臺進行四個月的訪問交流，田浩主要的目的是想對諸葛亮做進一步的研究，從宋代思想文化出發，他近年來已專心研究儒學家對諸葛亮的評價問題。

田浩很有興致地談起他個人對此一課題的關心與發現，他說：「我想從後代對諸葛亮的不同評價，來了解中國人如何把一個歷史人物變成一個英雄典範。像唐、宋時有人對諸葛亮有負面的評價，說他不懂作戰等，他們有理由，而有些人則不同意，雙方因此有一些對應、辯論。我對此很感興趣，想探討他如何一步一步地昇到英雄的地位。」

田浩特別對知識分子的看法有興趣。他解釋說，明代時已有《諸葛武侯全書》問世，不僅搜錄他的文集，而且有歷代對他的評價，這些評價都是正面、歌頌，而未選入批評的評語，可見諸葛亮的評價在明時已定型，把他逐漸神化。換言之，不只是民間，連知識分子的著作都已把諸葛亮視為一典型的模範。

以諸葛亮為中心，他的研究找到了有力的切入點

這之間當然經歷過一段漫長歷程的演變，各朝代都有不同看法，也有不停的辯論，歌頌與批判各執一見。田浩指出，如北宋史學家何去非就是抨擊諸葛亮的一個代表。何去非批評

諸葛亮雖會訓練軍隊，但不懂作戰，也不會用計謀。這之間其實有其政治企圖。因為北宋末期有西夏，特別是遼國的威脅，有一段時期，北宋採取的是懷柔政策，藉此等待機會。何去非批評諸葛亮要求北伐的主張，認為最好是按兵不動，等對方發生內亂再出兵，而且要採用計謀。田浩強調，這是何去非藉批評諸葛亮，來勸宋神宗勿重蹈覆轍的策略運用。

到了南宋，因為女真已滅北宋，南宋偏安，伺機北伐，在這種立場下，諸葛亮又變成歌頌的對象。因此，從各朝代對諸葛亮的不同看法，即可了解其不同的政治情勢與思想要求。

「何去非說諸葛亮的缺點是太急著要作戰、要立功，但朱熹則有所反駁。」田浩進一步說明道：「朱熹舉例說，有賊闖進你家，把你及家人都趕出去，如果你不去爭、打，時日一久，大家就會認為那個家是賊的，而非你的。宋朝王室即是如此。把敵國的皇帝視為叔叔，自己的皇帝是侄子，到了這種地步，等於是把兩個國家視為鄰居而已，根本就忘了彼此的國仇大恨。朱熹與何去非的這些爭論，代表了不同的觀點。」

不過，朱熹本身的立場也不單純。譬如說他與何去非都同意諸葛亮應該多用一些計謀，而我們一般都認為朱熹是講仁義道德，不講權謀，但是朱熹卻有此看法，由此可見，朱熹也注意到歷史進展需要通權達變。又如程頤批評諸葛亮去攻打劉璋是錯誤的，不該殺他們，因為不合乎王道。但朱熹卻認為，劉璋與劉表都該志在恢復漢室，不與曹操作戰是不對的，劉備殺了他們，搶了他們的地盤，並沒有錯，如果有錯，主要是殺他們的方法不對，在《朱子語類》中，朱熹就曾表示，應該先公開說明其罪狀，再加以攻伐，這才合乎王道。

這些看法你來我往，各有見地，在田浩眼中，真是一部精彩的連番好戲，既充滿哲思的交鋒，又有人性的深層表現，以諸葛亮為中心，他覺得自己的研究工作找到了一個既有趣又有力的切入點。

對漢學著迷，連兒子取名田亮也是因為取法陳亮之故

「我計畫在一年內，寫一本關於這個問題的書，徹底檢討歷代不同的評價，了解中國人塑造一個歷史人物為英雄典範的過程，特別是從知識分子的角度來看。」田浩頗具信心地給自己訂下一個明確的目標。除此之外，他目前也正在著手將自己於一九九二年出版的一本學術著作《孔子論述與朱熹之竄起》(*Confucian Discourse and Chu Hsi's Ascendancy*)譯成中文，準備在臺出版。

浸身在漢學天地裡二十六個年頭，五十歲的田浩經常掛在嘴邊的一句詞就是「很樂」，研究工作對他而言早已是一種快樂的享受，「在古人的著作中，發現很多內容值得學習、了解、討論，是一件樂事，可以與古人對話，特別是中國古代史的價值極高，有很多歷史材料可以

參考，更是一大樂事。我常覺得，以歷史為借鏡，是使國家強盛的重要原因。中國的歷史悠久，人口眾多，很早就出現人口壓力問題，以及政府組織要如何管理這麼龐大的國家，這些問題都很接近當代的情況，如能好好研究，或許能對現況提供一些反省的契機。」

這就是田浩對漢學樂此不疲的原因。

其實，不只是快樂而已，依我看，他根本是深深著迷。

「宋人陳亮因為要學習諸葛亮，所以取名為陳亮，而我因為研究陳亮，因此我為在亞利桑那州立大學唸歷史系的兒子取名為田亮。」

從諸葛亮到陳亮，再從陳亮到田亮，雖然這之間沒有歷史的邏輯線索可言，但卻充分說明了田浩個人對中國情懷的真摯嚮往。正如同他對中國文化一貫抱持的「同情地瞭解」態度一樣，我們對他這種以漢學研究為樂、為榮的心情，也一樣有著「同情的瞭解」，同時，還有更多深情的敬意與熱情的祝福！

中華民國八十三年十一月十二日中央副刊

（郭惠煜／攝影）

關於司徒琳

司徒琳(Lynn A. Struve)，一九四四年生於美國伊利諾州。一九六七年畢業於華盛頓大學東亞系，一九七四年獲密西根大學歷史學博士，現任印第安那大學歷史系兼東亞系教授。她曾參與撰寫《劍橋中國史》，為少數研究南明歷史的傑出學者。主要著作有《南明史》、《來自明清之際劇變的聲音》等書及論文多篇。

幸運的錯誤

——美國漢學家司徒琳教授的史學研究

「我這一生是幸運的。」司徒琳 (Lynn A. Struve) 教授一開始就給了我一個她自己的註腳：「雖然，在幾次面臨選擇的關鍵時刻，我是因錯誤的觀念而下了決定，但事後看來，那些錯誤反而是一種幸運。」換言之，對自己過去幾十年來幾番轉折的漢學研究，她已完全相信，那是正確的決定。她對自己目前的研究方向充滿了盎然的興致，也始終心存一份感恩的慶幸。「上帝才知道我的運氣為什麼這麼好。」她開心地說。

從小就發現語言與宇宙真實間的關係

其實，一九四四年出生的司徒琳，已經「年過半百」，可是一頭金黃的頭髮，瘦削的面容，臉上不時洋溢的喜樂，使她看來年輕許多。一口標準的國語，加上豐富的手勢，她是一個滔滔不絕卻又完全能抓住重點的「說話人」。也許是教書多年使然，她有些不好意思地向我解釋。假如撇開「教授」的身分，她其實是一獨立、沈默、成天耽於學術世界中的「研究人」。這種自主且自得的性格從小即已如此。一直到現在，她最喜歡留連的地方仍然是圖書館，只不過，當年是在小城市的圖書館，現在換成了印第安那大學甚具規模的東亞系圖書館而已。

「我從小就愛讀書。唸幼稚園時，由於母親要工作，家裡經濟也不好，恰好附近有個小圖書館，每到週六，母親就帶我去借書看。我可以自己一個人整天捧著書，完全沈迷在其中，一看再看，然後熱烈盼望下個週末的到來。」

出生於伊利諾州一個小城市Elgin的司徒琳，成長於一個極普通的美國家庭，父親是德國移民的第二代，母親是道地的美國人。父親曾在鐘錶學院受訓，因此家中開了一間小的鐘錶行，並一邊在波音公司的工廠中兼差，可惜四十多歲時因病無法工作，足足在家休養了三十六年，直到五年前過世。「父親的長期臥病，使我們的家境一直不見好轉，因此，努力上進、省錢、打工、想辦法上學，便成為我們理所當然的生活型態。這樣典型的美國家庭，當然沒有孕育我走向漢學研究的條件。」

不過，她笑著說，也許是小時候長得挺可愛，父母都很寵她，給了她極自由的空間任性發展，使她養成了浪漫、不受拘束、獨立思考的性格，這種性格在後來則充分表現於她的研究工作上。她記得自己在小時候就曾慎重地思考過「外國語」是怎麼回事？她突然發現，似乎不是一字一句直接翻譯成另一種語言，而是連整個句型、文法、結構、表達方式及觀念都不同，「那真是一次讓我驚訝不已的大發現。因此，上了高中，我開始接觸語意學(Semantics)，也在無意中讀到一些禪宗思想的書，更使我體會到：宇宙的真實與語言不見得是一致的。我進一步思考，如果我不使用現在的母語，則要如何去表達我對周遭事物的種種感受？若我使用另一種語言，則母語對我的思考、表達、感受會產生什麼影響？這些奇怪的念頭不時縈繞在腦海，沒有人教我，完全是自己的發現，可以說，從中學開始，『語言與認識的關係』便已成為我關心的一個主題。」

錯以為要讀好文學必須具備創作才華，因此選擇歷史

早熟而聰慧的司徒琳，沈浸在自己編織的思想世界裡，愉快地探索，雖然那只是很渾沌、模糊的概念，但卻成為她日後學習中文的啟蒙。一九六二年秋天，她進華盛頓大學就讀，成績一直出色的她，其實並不清楚自己在大學中要唸些什麼，但因長期以來對語意學模糊的理解，於是選了「語意學介紹」及「東亞文化」兩門課。十九歲的她，不免也有一種想突破現

狀的叛逆性，覺得本來的語言會局限自己的思想，經過冷靜的分析，她認為歐洲、印度的語言系統基本上是類似的，因此她決定找另一個完全不同的語意系統來學習，就這樣，她一頭栽進了中文世界裡。

「華盛頓大學的東亞系極負盛名，可以供我學習的機會很多，加上當時美國與中國大陸處於敵對狀態，而我認為這種現象不會持續太久，如果我開始學習，將來可能派得上用場，於是大二就決定主修中國語言與文學。很幸運的，我接受了一些名師的指導，如教我中文語言的Isabella Yen，她是嚴復的孫女；替我取中文名字的李芳貴教授，他是中研院院士等。」走進中文世界，她果然有了另一番截然不同的感受，只是一切都還剛開始，興致勃勃之餘也不免有幾分茫然。大三結束那一年，她爭取到獎學金，得以來臺灣史丹福中心進修語言一年，那次的經驗使她對自己的選擇有了較深刻的認識。返回華大後，她主動到研究所旁聽，接觸了幾位知名的漢學教授，如蕭公權、以翻譯《易經》知名的德國教授Hellmut Wilhelm、以研究佛教及日文著名的Leon Hurvitz等。而且每逢暑假，她就會設法到其他學校如哥倫比亞大學、密西根大學等校去進修，不放過任何學習的機會。這種自我鞭策的勤奮態度，使她以優異的成績畢業，而於一九六七年進入密西根大學攻讀碩士。

由於對語意學的興趣，司徒琳在進入研究所後反而很難下決定要專攻那一部門，她分析當時內心的困擾道：「我因為了解語意學對思想控制的影響，深知一旦我選擇某一領域，就要學習某一領域的那套專詞、思想方式，因此，我幾經考慮，首先放棄了自然科學，但在社會科學的領域裡我無法下定決心。不過，我很清楚一定要繼續研究中國，於是碩士論文便以《中國區域研究：錢謙益的政治遭遇》為題。我很幸運，密西根大學是全美在區域研究方面最有成績的名校。」

然而，才讀了一年，她的指導老師張春樹教授告訴她，若要攻讀博士，一定要早點決定研究專業。司徒琳天真地以為，最自由的部門莫過於歷史和文學，而她當時有一錯誤的觀念，認為若要讀好文學，本身必須具備創作才華才行，因此她選擇了歷史。「這種看法是不對的。但我卻很慶幸沒有選擇文學，因為後來文學研究流行『新批評』，那是我極不喜歡的理論。」司徒琳開心地說：「這個錯誤的觀念，讓我幸運地做了正確抉擇，一直到現在，我還暗自慶幸。」

以知識社會學的理論研究記載混亂的南明歷史

她的碩士論文可說是她對中國十七世紀歷史研究的開端。起初她向一位歷史系教授請教研究題目，那位教授建議她研究清末民初階段，但她仔細一想，認為那會限制她對中國文言文的學習，並可能因此影響後續對古代史的鑽研，再加上當時偶然間讀了一本敘述明代東林黨歷史的書，甚感興趣，於是她決定研究錢謙益，做為邁向中國十七世紀學術史研究的入門訓練。

取得碩士學位後，她透過國際商業學生交流組織的安排，再度來臺，進入南亞塑膠公司工作，業務以英語翻譯為主。幾個月後，她就知道自己並不適合在商場中討生活，交換時期結束了遂再回密大攻讀博士學位。

重回校園的司徒琳，又一次陷入了研究重心的思索。她依然著迷於知識是什麼？如何形成？如何流傳、影響？知識與時代、文化的關係等問題的探討，就在她覺得徬徨之際，一本書的出現帶給她觀念上極大的撞擊：「二十世紀初期社會學的創始者Karl Mannheim，他的一本德文著作被譯成英文出版，其中有關「知識社會學」(Sociology of Knowledge)的意見，對我啟發很大，尤其對學術史、思想史的研究很有用處，於是我決定採用這個觀點來撰寫博士論文，並以歷史記載較混亂的明末清初時期為研究對象。南明時期因政治情勢混亂，官方控制較鬆，各種社會階層的人們留下的不成熟的歷史記載極多，使我能充分運用這批材料來了解當時歷史的記載是如何發生、流傳？幾百年後何以有些記載不再流傳，有些成為歷史的主流？後人又是如何解釋這些歷史記載？這些問題都是我極感興趣的。」

司徒琳的想法一開始並未獲得教授們的支持，因為他們認為材料不易控制，可是她很堅持，終能得到他們的諒解，並在不同領域上給予鼓勵，如哲學權威Donald Munro、明史專家Charles Hucker、中國近代史專家Albert Feuerwerker、近代史及中國地理專家Rhoads Murphey等，當然還有她的指導老師張春樹，在各種材料與方法上都儘可能加以協助，而她就在這個富挑戰性的議題裡開始全心投入，撰寫其博士論文《南明史學史》(*The Southern Ming Historiography*)。

由於司徒琳是想利用那個比較亂的時代來追求她對「知識社會學」的興趣，因此她閱讀了有關南明的第一手歷史材料，探討其流傳過程，後來的史學家如何評價南明，看到了那些資料？一路追索到清末為止。為了搜尋資料，她先到日本九個月，再透過屈萬里教授的協助，來臺住在中研院進行研究，長達兩年半，最後大功告成，於一九七四年獲得史學博士學位。她滿懷感激地強調，她的博士論文是在中研院完成的，因此多年來一直對臺灣懷抱著一份特殊的深厚情感。

「我是幸運的，總是有人幫助我。在這方面，他們總給我正確的指引。」她微笑地提高了聲音接著說道：「我的幸運不止如此。舉世重視的《劍橋中國史》(*The Cambridge History of China*)撰寫計畫的幾位漢學家，在我一畢業時就找我參與明清之際歷史的寫作，使我得以和這些世界知名的學者共事，如負責明代的是普林斯頓大學的Frederick Mote教授，他邀請我撰寫『明代的沒落』(The Southern Ming，一六四四～一六六二)這部分；負責清代的加州柏克萊大學教授 Frederic Wakeman也要我寫前清部分。這使我有機會向這些前輩請益，收穫太大了！」

重視傳統漢學觀念，要求能以中文演講、寫論文

當時美國史學界逐漸注意到明清換代之際的重要性，在Frederic Wakeman、耶魯大學的Jonathan Spence 等人的參與推動下，召開了一次探討從明到清過程的研討會，司徒琳也獲邀參加，後來出版了論文集《從明到清》*(From Ming To Ch'ing)*，這是西方早期唯一探討明清之際歷史的學術著作，甚受學界矚目。

在這同時，司徒琳應聘至位於華盛頓奧林匹亞的長青州立大學(The Evergreen State College, Olympia, Washington)任教，但因對學校偏重教學、不重研究的型態不甚滿意，三年後她又再一次幸運地進入印第安那大學歷史系任教。「印第安那大學的歷史系是全美上層的史學機構之一，東亞研究也是一流的水準，只有上帝才知道我的運氣為何這麼好。當時恰巧著名漢學家鄧嗣禹退休，我繼承了他的遺缺。他在印大建立了一座完善的東亞圖書館，資料

豐富，這對我來說無異是如魚得水，而我也一直努力設法充實圖書館的資料，並加強與其他圖書館的交流。」對如此研究環境與傑出同事共處，她顯然極為興奮與心存感激。

司徒琳在印大開授的課程主要有：中國通史、東西比較思想史、從文學瞭解中國傳統社會等，由於同時在歷史系、東亞系兼任，忙碌的教學工作佔去她不少時間。對自我要求極高的司徒琳來說，追求學問已然成為生命中的重心，加上在大學的女性教授承受的壓力極大，因此她至今一直未婚，「在印大歷史系的女教授沒有幾位是結婚的。」她補充說。

正因為自我要求嚴謹，她很重視傳統歐洲的漢學觀念，認為自身的中文一定要好，應儘可能以中文演講、寫論文，而且不論什麼題目都應可以設法研究，看出問題的重點何在。當然，要對漢學如此執著不悔，本身必須具有高度的興趣才行，對這一點，司徒琳有精準的分析：「一個人做學問的動力有二：一是愛感，一是恨感。恨感對身體不好，因此最好以愛感為出發。如果缺乏興趣，怎麼做也做不好，我一直就是浪漫地憑自己的興趣在做學問，有時不免自以為是，但我的運氣好，即使曾經是錯誤，也都變成了『幸運的錯誤』！」

在美國漢學界專研南明史的只有她一人

司徒琳發表於期刊及研討會的論文甚多，但已出版的著作只有兩種，一是《南明史》，已譯成中文由上海古籍出版社發行，臺灣史學界對她在「南明研究」的認識主要是來自此書；另外一本是《來自明清之際劇變的聲音》(*Voices from the Ming-Qing Cataclysm : China In Tigers' Jaws*)，耶魯大學出版社印行，內收十五篇發生於明清之際的動人歷史故事，主要是從當時大量的私人記載如日記、筆記、奏章、回憶錄等處整理而成，是介紹給一般讀者的入門書籍。

此外，還有一本已經完成、尚未出版的書稿《明清之爭：一個史學史與早期最佳資料的指南》(*The Ming-Qing Conflict, 1619–1683 : A Historiography And Source Guide*)，司徒琳解釋說，這是她醞釀了二十年的寫作計畫，由於過去對此一時期的資料難以掌握，因此很少有人加以研究，她編寫此書的目的是希望能鼓舞年輕學者對這個時代的研究膽子大一些，「在研究生階段，通常指導教授不會讓學生進入這樣一個資料難以掌握的階段，而我要藉此勉勵研究生，這是可以大膽去做的，不要每次都在研究明清歷史時刻意跳過明清之際。」她欣慰地表示：「我被迫到各地圖書館去搜集資料，包括原版本、稿本、善本書、抄本等，範圍從明萬曆末年、滿清入關前到施琅攻臺為止。由於極強調資料的來源，有人將我視為版本學家，其實我覺得不敢當。」

對於運用在現、當代歷史研究上的方法「回憶研究」(Memory Studies)，司徒琳也顯得與致勃勃，「我覺得可以運用到現代以前，包括十七世紀，希望不久可以寫出一篇以此方法研究明清換代之際關係的論文。」對她來說，十七世紀倒真是一個樂趣無窮的時代。事實上，在美國漢學界專研南明史的也只有她一人。

不過，面對未來，司徒琳希望在有關史學史的研究告一段落後，可以轉向鑽研她在學術思想史方面的興趣。她一直希望能寫一本十七世紀學術思想史的專書，其中又以黃宗羲的思想發展最令她感興趣，她說：「黃宗羲的興趣廣，知識涉獵豐富，幾乎在十七世紀的大學者所注意的範疇，他都有相關的重要著作，不僅深知那些問題的樞紐所在，而且還提出自己精闢的見解。若以思想家而論，我承認王夫之比他偉大，但黃氏是一博學儒者，我可以通過他全面又深入地探討十七世紀學術史上的關鍵問題。可惜在他的著作中，有關天文算學與易學的方面令我讀來甚感困難。」

繼史學史之後，將把重心轉向十七世紀學術思想史

司徒琳此次應我國「國際交流基金會」之邀，來臺進行六個月的學術交流，其中的一項計畫就是要深入探討黃宗羲的《易學象數論》是什麼？撰寫動機、主要批評內容以及如何批評等問題。她解釋道，我們平常只注意黃氏的《明夷待訪錄》、《明儒學案》及其文集中的某

些篇章，黃氏的《孟子師說》也是最近才有學者加以重視，而他篇幅達六卷之多、開啟清代對於「宋易」考據批評的《易學象數論》則少有人談及。在明末清初的經學史研究上，一直是以《尚書》、《詩經》與三禮最多現代學者進行探討，但其實自宋至清，《周易》才是儒林經學著作中的數量之冠，十七世紀也不例外。為了對黃宗羲的成就有全面的了解，也為了更徹底地認識一個樞紐時代的學術思想，因此她下了不少工夫去考察難懂的《象數論》。「這本書是一本有關象數思想史的廣泛著作，我為了讀懂這本書，無形中也奠定了一般易學史的基礎，這對我即將轉向學術史研究的準備極有幫助。」從最初對此書的畏懼，覺得不該自討苦吃，到深入閱讀，日有所得，她已寫出〈黃宗羲《象數論》與清初官方易學的變化〉等論文，跨出了對她個人重要的一步。「這大概又是一次幸運的錯誤吧！」她微笑地嘆口氣。

在臺六個月期間，司徒琳曾應邀至臺大、師大、東海、中正等多所大學演講，題目是「西方學者十年來在中國前近代歷史研究上的熱門」，這是她在印大一門極受歡迎的課，不料在此也頗受青睞，不久她將前往香港、廣州，也都將應邀以此發表演講。

然後，她將回到美國印大附近一人獨居的家中，埋頭研究她的十七世紀學術思想史，陪著她的貓，閒時在院子裡種菜、割草，一個人自在地在史學領域中獨行。「如果怕寂寞，當初就不會走進學術世界。」她很堅定地為自己的選擇下了一個結論：「我是幸運的，因為我做了正確的決定。即使曾經有過錯誤，現在看去，也不得不說，那是一種幸運的錯誤。只有上帝知道，我沒有一絲後悔。」

中華民國八十四年十二月二十七日中央副刊

俄羅斯篇

（郭惠煜／攝影）

關於劉克甫與黃淑英

劉克甫(M. V. Kryukov)，一九三二年生於莫斯科，自莫斯科東方學院歷史系畢業後，又到北京大學唸了五年書，隨後返回俄國，進俄羅斯科學院民族學研究所，一九七二年以論文《中國親屬制度》獲得博士學位。主要專長在中國古代史、民族史、古漢語等方面，著有《甲骨文》等學術著作十二種，論文數百篇。現任歐洲科學院院士、俄羅斯科學院人類學研究所亞洲研究室主任。其妻黃淑英，一九三三年生於北京，莫斯科大學語言系畢業，並於該校執教近三十年，與劉克甫合著《古漢語》等書。

異國情鴛，愛人同志

——俄羅斯漢學家劉克甫和他的中國妻子黃淑英

和劉克甫教授聊天，是一次極為愉快的經驗。因為，他有著一口道地的北京片子。他字正腔圓的北京話，的確令人折服不已，對一個來自前蘇聯、今俄羅斯的漢學研究者而言，你不得不佩服他確實有著過人的語言天分。當然，這與他長期以古漢語的學術領域為專業有關，此外，他比其他漢學家佔優勢的地方，是他娶了一位生長於北京的中國妻子。他開懷地笑道：「耳濡目染之餘，對我的中國話自然大有幫助！」

劉克甫生就一副北方人壯碩、高大的體格，然而，一旦聽他說起話來，卻又斯文儒雅，不時微笑的嘴角，有時竟也有一絲羞赧的溫柔，舉止間倒顯現出另一種迷人的風采，或許，正因為這樣，當劉克甫二十一歲、黃淑英二十歲時，兩人在中蘇國境線上初見，就已註定了黃淑英今後要永遠追隨他的奇妙情緣。

那綿亙在中蘇邊界上漫長千里的國境線，除了是他與妻子結識、相隨的「牽線者」外，也將劉克甫帶進了中國漢學的研究領域中。

北大同學一句偶然的提醒，使他放棄《史記》而選擇民族史研究

「由於有很長的國境線，蘇聯一直對中國有興趣，漢學研究在蘇聯也一直很積極。例如在亞非學院內就有四種專業與中國有關：中國語言、中國歷史、中國經濟、中國文學。莫斯科大學是過去蘇聯、今天俄羅斯的漢語教學中心，現在很多四、五十歲的漢學家，包括了捷克、波蘭、匈牙利、保加利亞、德國等，大部分都是出身於莫斯科大學。」同時也是莫大畢業的劉克甫，選擇了中國語言與歷史，作為自己敲開中國之門的試金石，這固然與莫大濃厚的漢學研究風氣有關，但他認為家學淵源也有很大的影響，他說：

「我們家有研究東方國家的傳統。我有一個舅舅在二〇年代的蘇聯是知名的漢學家，他很早過世，我沒有和他直接接觸過，但家人經常談起他，無形中形成了一股讓我親近漢學的氣氛。」

除了舅舅無形的啟發，家中的學術環境也是塑造他走上研究道路的動力。一九三二年出生於莫斯科的劉克甫，父親是一位經濟學院的教授，母親是中學教師，在考上莫斯科大學的

東方學院後，他很自然地開始學習中文及中國歷史。一九五七年畢業後，他又進北京大學歷史系讀了五年書，在這五年中，他決定了以人類學、考古學為職志的研究方向。對這項轉變，劉克甫覺得有些偶然，他回憶道：

「我起初是對司馬遷的《史記》有興趣，大學的畢業論文即和《史記》有關。大三時，北大歷史系主任翦伯贊教授到莫斯科來，我很偶然地擔任他的翻譯，聊天時談到我在研究《史記》，他稱許地表示，自己年輕時也研究《史記》。他回大陸後，繼續寫信鼓勵我，並寄書給我。後來，我進北大，他仍是系主任，於是我想繼續研究《史記》。」

這條路似乎是理所當然，然而，有一回在與中國同學聊天時，有一位同學突然對他說，要研究《史記》，回莫斯科也可以，既然有在北京的難得機會，不如去參加考古、挖掘，這在國外是學不到的。他覺得很有道理，於是開始學習考古、古文字學。原本說好在北大只待一年，也因為學習的全心投入，而爭取繼續留下來。

「在從事考古的過程中，有兩件事曾令我十分沮喪。一是在漢語方面，由於我們過去不注重聲調，因此來到中國後，有人說我怎麼說一口山東話？其實我學了五年的普通話，因此這一點令我很傷心。另一件事是中國的方言太多，特別是農村，這在別的國家是少有的，使我因此鬧了不少笑話。」

雖然如此，在翦伯贊、胡厚宣、楊堃等知名學者的指導下，他一頭栽入了人類學、民族學的研究中，樂此不疲。

戈巴契夫訪問大陸，中俄關係恢復，才得以到大陸從事考古工作

北大畢業後，劉克甫返回俄國，進入俄羅斯科學院民族學研究所，一九六五年以論文《中國古代社會組織》獲得副博士學位。接著開始研究冷門的中國親屬制度，包括了從古至今的親屬稱謂、家庭制度，於一九七二年完成了博士論文《中國親屬制度》。

「由於中俄關係交惡，無法到大陸去作實地調查，於是我選擇了以文獻資料為主的民族史研究。一九八九年，戈巴契夫到大陸訪問，關係恢復正常化，我們才得以到大陸從事考古工作。北大畢業至今，我一直沒回去過，八九年是第一次回去，已隔了二十七年。當年的同學現在都是教授，全國各省都有，於是我們就合作選定了一個與少數民族有關的項目進行研究。」

其實，在不能進入大陸的期間，他並沒有停止少數民族的調查工作，他曾跟研究所的同事一起去了古巴、日本、越南，尤其是在越南作了長期的調查，因越南與大陸西南的關係密切，因此對他目前的調查工作很有幫助。最近幾年，他一直在積極進行大陸西南（四川、雲

南、廣西）少數民族的考古調查，主要是彝族。

大陸在五〇年代就已做過民族識別工作，確定有那些族群，但後來發現有問題。因為五〇年代時相關的基本理論尚未完備，當時使用的是史達林的民族定義，大陸至今仍以此定義為理論基礎。但劉克甫等人研究後，覺得這一套理論基本上不能解決問題，因此有一些新的看法。

「我們希望用新的理論取向來研究大陸的少數民族，之所以選擇彝族，是因為其本身問題比較複雜，有幾十個支系，主要是分布在雲南、四川。到底這些支系間的關係如何？他們對自屬的支系又有怎樣的自我意識？這些問題，以前在大陸上很少注意到。過去都是以漢族的立場來看待這些少數民族，往往與其各族的認同意識不相符合。我們目前正在調查，因支系太多，因此需要一段時間。」

由於最近俄羅斯整個的改革變化，經濟方面出了很多問題，因此在經費上不如以前充裕。劉克甫這次應中研院史語所之邀，來臺擔任訪問學人，從事「從民族理論看中國民族史」課題的研究，另外也在臺大歷史系教授「中國民族史」課程。雖然是初次來臺，但他與臺灣研究大陸民族學的學者建立了深厚的情誼。他目前正在規劃，希望能結合臺灣、俄羅斯以及其他國家學者，組織一個聯合調查隊，爭取資助，繼續研究，他相信這對臺灣的學術界是有幫助的。

他隻身前往北京，深情可感；她甘心忍受三十年離鄉之苦，執著不悔

這一趟的臺灣之行，劉克甫偕妻同行。對這位生長於北京的中國妻子，他有一種緣分難得的珍惜。事實上，他們的結識與交往是很戲劇性的。「那時我二十一歲，她二十。」他有些羞赧地談起四十年前的往事：「我唸莫大時，常有一些代表團到莫斯科來，會找一些同學擔任翻譯。有一次，系主任說有一大陸的音樂舞蹈團到蘇聯來演出，要我到國境線上去接他們，分配給我的任務是協助其中的歌唱部分團員，解決生活上的問題，我和淑英就這樣在國境線上認識。」

黃淑英隨團在蘇聯各地巡迴公演二個月，朝夕相處下來，兩人對彼此都有好感，分手時覺得很難過。返回大陸後，黃淑英就接到了他的信，開始魚雁往返。一九五七年二月，他到北大讀書，兩人有了更多相處的時間。二年後在北京結婚，締結了一段美滿的異國姻緣。一九六二年，黃淑英隨他一起前往莫斯科，不料中俄關係突然惡化，整整二十七年，她不能返回北京——她生長的地方。甚至於，劉克甫也被拒絕進入大陸從事研究。

到了蘇聯之後，黃淑英進莫斯科大學語言系就讀，畢業後即在莫大的亞非學院教書、工

作了近三十年。今年六十歲的她，一半的歲月是在俄國度過，也經歷了各種政治上的干擾，然而，她始終沒有後悔過。在學術的天地裡，他們替自己營造了一處寧靜、自由的小世界，擋住了外頭的風風雨雨，也成就了屬於自己的研究事業。他們兩人合寫了一部《古漢語》，現在則正在進行《古漢語虛詞》，準備在莫斯科出版。

也許又是家學淵源的影響，他們的兒子也對中國古代史有興趣，莫大畢業後，繼續攻讀科學院的東方研究所，現在是副博士，不久將應我國漢學研究中心之邀來臺研究半年。

對劉克甫來說，幾十年的民族學研究是源於當年北大同學一句偶然的提醒，這些年來，他從助理研究員、副研究員、研究員，一直到俄羅斯學院人類學研究所亞洲研究室主任，加上十二本學術著作、幾百篇論文，則不是偶然所能達到的成就。特別是一九八八年被選為歐洲科學院院士，更是難得的殊榮，也是對他長期的努力作了最恰當的肯定。

至於，他與黃淑英攜手走過三十幾年歲月的異國情緣，他們都不禁感到是命運的安排。如果不是在國境線上的相遇，劉克甫隻身前往北京的深情，他們不會相伴相守至今；如果不是黃淑英甘心忍受長達近三十年的離鄉之苦，如果不是兩人在學術的天地裡互相扶持，他們不會如此怡然自得，卓然有成。他們是令人羨慕的「異國情鴛」，也是值得敬佩的「愛人同志」。

再漫長的國境線，也阻隔不了一對有心人，在情感上如此，在學術研究上也是如此。

中華民國八十三年九月二日中央副刊

（郭惠煜／攝影）

關於高黎明

高黎明(Alexander M. Grigoriyev)，一九三三年生於莫斯科，蘇聯社科院信息研究所博士，曾任該所東方組主任長達二十年。現任俄羅斯科學院遠東研究所中國近現代史中心主任，並兼《遠東問題》雜誌主筆。著有《中國革命運動——從一九二七到一九三一》等書，主要專長在中國現代政治史。

寫不成歷史小說的歷史學家

——俄羅斯漢學家高黎明教授

在即將搭機返回莫斯科的前一天下午，來自俄羅斯的漢學家高黎明教授，在中研院近史所安排的學人宿舍中，接受了我的專訪。一臉親切的微笑，加上一杯熱騰騰的咖啡，高教授和我短暫寒暄後，有些不好意思地點燃一根煙，對工作忙碌的他而言，一些曾有的消遣娛樂早已是難得的奢侈，似乎，只剩下抽煙是使自己的心情輕鬆的一種「娛樂」，不過，他一再抱歉說，這是壞習慣。

父親在他五歲時被逮捕遇害，母親一直到八十二歲才退休

在他的「壞習慣」開始之後，談話的興致似乎一下高了許多，他若有所思地說起他的身世與家庭：「我的父母都是新聞工作者，母親是蘇聯著名的《紅色運動》雜誌編輯部的秘書，

父親是青年團《真理報》記者。從一九二五年開始，我的父親就在報社工作，一直做到主筆的職務，但是，在我五歲時，他突然被逮捕，後來在獄中遇害，而我就一直在母親的獨立撫養下成長。」

一九三三年生於莫斯科的高黎明，一談起母親便感念不已，今年八十五歲高齡的高老夫人，一直工作到八十二歲才退休，她對子女堅忍的愛與對工作的投入，可以說是高黎明在學術道路上持志不懈的最佳典範。

一九五〇年，莫斯科中學畢業後，他馬上考進莫斯科大學歷史系的東方研究室，開始他接觸漢學的因緣。畢業後，他進入蘇聯科學院中國學研究所，和同事劉克甫等人合力計畫將司馬遷的《史記》翻譯成俄文，這項計畫目前仍在進行，七〇年代時已翻譯完成六卷，雖然他和劉克甫已離開這項工作，但那段時期的訓練使他閱讀了不少中國古書，對他中文程度的提昇極有助益。

一九五八年，他由《史記》的領域中跳出，轉而研究孫中山先生早期的活動，包括了章太炎、陳天華、鄒容等人，而在一九六三年以論文《孫中山與中國早期革命者的反帝立場》通過副博士學位，後來論文由莫斯科的科學出版社出版。然而，他不久又改變了研究方向，開始涉及中國現代政治史，特別是中共的活動。

「當時恰逢一好的時機，我和少數幾位學者被允許進入莫斯科黨中央檔案館中披閱原始文件，而從六〇年代起，我就在那館裡工作，至今仍每週去二次。當時我開始發表一些相關論文，後來和其他學者的相關文章結集成論文集《共產國際與東方》，一九六九年以俄文在莫斯科出版，其中主要有中共歷史、中共與其他國家關係等研究文章，並且也被譯成英文出版。」

製作「臺灣專號」，以三分之一篇幅介紹臺灣飛躍的成長

七〇年代初，高黎明進入社會科學信息研究所，一邊攻讀博士學位，一邊在所內的東方組工作，擔任該組主任，至一九九〇年為止，一共擔任該職二十年。在這二十年間，他參加了許多集體寫作的工作計畫，例如和遠東研究所的歷史研究室合作，合寫了一部關於中共歷史的書；一九七二年出版的專著《中國現代史概論》中，他負責撰寫一九二七至三七年間的歷史發展；一九七四年，在《中國近代史》書中，他寫了兩篇論文，全面檢討了一九〇一至一九〇四年、一九〇五至一九〇八年這兩個階段的中國情勢。在不斷的解析材料、思索為文的努力下，他於一九七六年以論文《中國革命運動—從一九二七到一九三一》獲得了博士學位。

獲得學位並不是他學術研究的告一段落，而是他持續鑽研的另一次起點，更深更重的鞭

策。他吐了一大口煙，好多的汗水耕耘，現在回頭去看，倒像是一陣輕煙，輕鬆談笑間，辛酸與苦累很遙遠，他微笑的臉頰充滿著因踏實走過的自信與自得。

「畢業後，我又和同事們合寫了一套《中國共產黨史》，一九八七年完成，也已出版。在信息研究所時，我還擔任了《中國學摘要》雜誌的主筆，也就是總編輯，這是內部發行的雙月刊。一九九〇年，我離開信息所東方組主任一職，進入俄羅斯科學院遠東研究所擔任中國近現代史中心主任，一直到今天。」

繁忙的行政並未使他減緩研究的步伐，他始終充滿熱誠與幹勁，一如他的母親對記者工作的執著熱愛。他相信在自己的血液中必然流著和父母相同的因子，在歷史迷霧中搜尋真相，靠的不僅是研究工夫的積累，也還得有一絲記者的敏銳眼光與獨到見解。去年初，他被所裡的學術委員會選為《遠東問題》雜誌的主筆，這份雙月刊原本有俄、英文版，但近來因經費不繼，只能出俄文版。這次來臺灣，他特別帶了去年五月製作的「臺灣專號」，其中有三分之一篇幅介紹了臺灣的歷史、文化、經濟等方面的飛躍發展，在中、俄交流日益熱絡之際，他的專題製作巧妙地結合了學術性與新聞性，這或許就是他源自於父母職業的敏銳靈感吧！

蘇聯解體，導致俄國學術界掀起「再認識」運動

由於研究課題的與現代中國政治息息相關，他無可避免地必須多次訪問大陸與臺灣。「這是我第二次來臺，名義是中研院近史所邀請的訪問學者，準備對一些未來中俄學術界的合作項目進行接觸。一九九二年三月，我第一次來臺，那是應政大國關中心之邀，只待了一週，主要是訪問一些工、商、學術單位。」至於大陸，他去的次數更多，一九五九年十月至六〇年十月，他在北京待了一年，主要是收集資料、書籍，跟學者交流、討論。他補充道：「五〇年代起，俄羅斯科學院與中國社科院即有合作協議，因此交流不斷。但六〇年代時關係中斷，協議也隨之中止。八〇年代初關係恢復，遂按協議繼續進行學術交流，我因此去了很多次大陸。」

一再自稱國語說得不好的高黎明，對自己說的每一句話都很慎重，也許，正因為咬字的有些含糊，他才更希望在思考理路上能清晰、準確吧！

從一九六八年起，他就在母校莫斯科大學的亞非學院任教，教授過「東方國家現代史概論」、「中國現代史文獻資料」、「中國現代史學史」等課程。可以說，他一直關注的研究領域是在近、現代的中國政治，因此，對於未來的計畫，他希望能撰寫一部《中國現代政治史》，他說：

「我目前在積極收集資料。為什麼會有這個構想呢？主要是在九〇年代初，整個國家的變化，尤其是蘇聯的解體，給了我們很大的衝擊，也掀起了學術界一次所謂的『再認識』運動，包括了對中、俄的歷史等。我也發表了一些政論性的論文，對中國革命、共產國際、中國現代史等都有新的態度、看法。」

蘇聯的解體，雖然導致了不小的衝擊，但也無形中使思想、言論的箝制被沖垮，在學術意見的表達上產生了眾聲喧譁的種種可能性。高黎明等人在此大潮流下，也開始有一些新的嘗試。他簡要地說明道：

「主要有兩個方面：一是出版文獻性的書籍；一是出版相關研究論文、專著。我們想依據新出土的原始文件，重新解釋，例如重新改寫了《共產國際與中國革命的關係》二卷，預計明年上半年全部完成後出版。」

高黎明的另一半是遠東研究所的副博士，也是研究中國問題的專家，主要是在中美關係方面。在這樣的家庭氣氛中成長，兩個兒子很自然地繼承了他的「衣缽」——研究中國歷史。他欣慰地說，大兒子畢業於莫大的亞非學院，專長是中國歷史，曾到新加坡學習中文一年；小兒子畢業於莫斯科歷史檔案學院，學習以現代設備從事史料整理，這在俄羅斯算是一門較新的學問。

擺盪在歷史與小說的兩端，他很清楚自己的位置

至於他自己，忙碌的研究生活佔去了大部分時間，除了偶爾來一下無傷大雅的「壞習慣」外，幾乎已沒有什麼娛樂可言，歸根究柢，這恐怕真的得歸因於他八十二歲才退休的母親。算來，離退休的那一天，還有二十年呢！他開懷地笑起來。

「不過，我倒是有一個夢想。從小我就喜歡看歷史小說，特別是東方歷史小說，我會想學中文，這也是一個重要原因。中學時代我就大量閱讀歷史小說，深深著迷，特別是俄國有一作家寫了一系列成吉思汗的小說，令我崇拜不已。我一直希望有一天也能寫一本歷史小說。」

這個夢想擺在他心中很多年了。工作的忙碌根本不容許他做這種夢，因此，他也只能兩手一攤，吐一口煙，自我安慰地說：「退休之後，這將是我最後的希望。」

沒有走進小說的世界，而走進歷史的研究天地裡，他雖不免有憾，但是不會後悔。夢想不一定要全部實現，就讓它一直是個夢，也沒有什麼不好。擺盪在歷史與小說的兩端，他很清楚自己的位置在那裡，或者說，應該在那裡。

中華民國八十三年九月十五日中央副刊

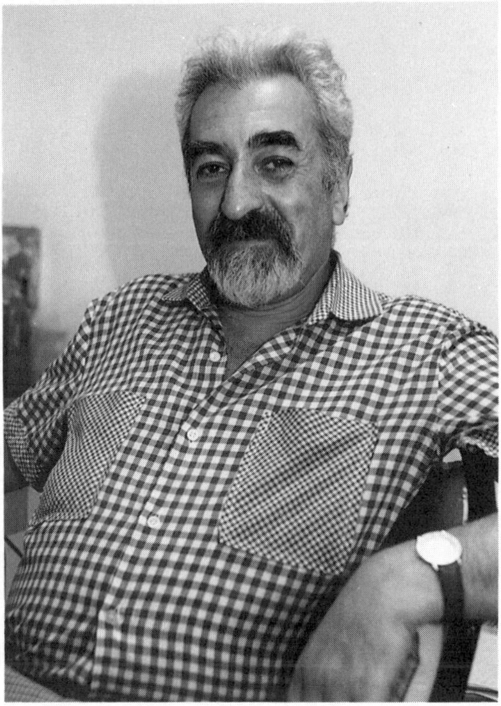

（郭惠煜／攝影）

關於李福清

李福清(Boris L. Ri ftin)，一九三二年生於列寧格勒。一九五五年畢業於列寧格勒大學東方系，一九七〇年獲該系語文學博士，一九八七年獲選為俄羅斯科學院通訊院士，現任俄羅斯科學院世界文學研究所首席研究員。目前在清大中語系客座，教授「中國民間文學」、「三國演義」兩門課。主要從事中國俗文學和民間文學的研究。著有《萬里長城的傳說與中國民間文學的體裁問題》、《中國的講史演義與民間文學傳統》、《從神話到章回小說》、《中國古典文學研究在蘇聯》等書。

來自民間的尋寶人

——俄羅斯漢學家李福清教授

近年來，由於中俄關係的解凍，許多俄羅斯漢學家應我學術單位的邀請來臺，或從事短期學術研究，或作公開演講與教學，一時間在臺灣的學術界掀起了一股「俄羅斯熱」。這其中，來臺時間最久、最為本地學者熟悉的，是以研究民間文學馳名的李福清教授。

六〇年代發現珍貴列寧格勒抄本《石頭記》，令人津津樂道

不僅是臺灣學界對他知之甚詳，大陸方面也對他十分推崇。據說，在一九八六年上海舉行的一次國際學術討論會上，他在中國民間文學方面的造詣曾令與會者感到驚訝和敬佩。他可以列舉孟姜女故事在民間傳說中的若干不同版本，可以如數家珍地比較北宋大鼓、蘇州評彈和揚州評話本子的異同，也可以暢談楊柳青木版年畫中的許多故事，而他在六〇年代發現

珍貴的列寧格勒手抄本《石頭記》的經過，更是令人津津樂道。

在臺灣三年期間，他相繼在淡江、成大、清華、臺北師院等校講學，一頭銀灰短髮，留著整齊鬍子，說起話來嗓門不小，走起路來又急又快的身影，相信給很多學生留下深刻的印象。而熱心投入研究、急切推廣學術的性格，則是他在此地學術圈中深受歡迎的主要原因。

從一九五〇年開始接觸漢學，至今已四十三年之久的李福清，始終相信「三人一條心，黃土變成金」的道理，他認為只有拋棄私心，集體合作，學術成果才能大幅躍進。因此，當他獲悉有一個法國神父在花蓮收集阿美族資料，已出版了五本書，卻少有人知道，他立刻告訴中研院民族所；在瑞士有一神父專門收集排灣族資料，並在瑞士出版了厚厚一大冊以德文寫成的排灣族神話的專書，國內中央圖書館並無此書，於是他就從瑞士得到一本交給該館。這些「隨手之勞」，其實都是源自於他的「用心」，而這也正是學術界所欠缺的精神。

他的「用心」，並不僅止於此。

李福清的特殊之處，是在於他的研究方向多面性，算得上是位多方位的漢學家。小說、戲曲、俗文學、年畫等，他都用心鑽研，且都交出了漂亮的成績單。

一九三二年生於列寧格勒（今聖彼得堡）的李福清，會走上漢學研究之路，有其偶然與必然的因素。說偶然，是因父親是一教機械理論的教授，與東方文化絲毫扯不上關係。但是，他有一個伯伯是東方學家，以研究古代巴比倫文化著名，可惜於一九四五年過世，他只在八歲時曾最後一次見過一面，但已給了他一些潛在的影響。

「我伯伯除了教巴比倫文化外，也教普通語言學，因此很多語文系學生都聽過他的課。我的少年宮老師也上過他的課。一九五〇年中學畢業時，我和那位老師談起未來的選擇，我想考列寧格勒大學語文系，學俄羅斯文學，但是他勸我最好考東方系，如此一來，畢業後可以找到較好的工作，而不僅是一般當老師而已。他特別對我說，我家有很好的傳統，研究東方是最適當的出路。我認為很有道理，遂決定進東方系。」

這「傳統」深深的紮根於他的腦海中，或許可說是他走上漢學研究的必然選擇吧！

前往東幹人農村，激發研究民間文學興趣

然而，當他下定決心之後，卻碰上了一道難題。由於他是猶太人，而當時正是反猶太人運動興盛時期，雖然他中學畢業時獲得金獎榮譽，可以不經考試，直接申請保送入大學，然而卻一再受到阻撓，甚至要求他學習阿拉伯語，他一再堅持，幾經波折才終於如願。

在東方系就讀一年級的暑假，他無意中走進了民間文學的殿堂之中。一再強調自己是來自民間的學者，李福清津津樂道起那一次的機緣：

「有一天，我到系裡辦公室，看到一個不認識的人坐在那裡，外形有點像中國人，老師告訴我是東幹人。這是我第一次聽到這一名詞。原來在一百二十年前，甘肅、陝西一帶有回民造反，左宗棠率領滿清軍隊予以平定，但有一部分人撤退到新疆，越邊界進入俄羅斯的中亞細亞，並申請定居，俄國沙皇同意，但下令剪去辮子，使其無法返回中國。這批人到底有多少，沒有定論，有的說四千人，而現在已有五萬人之多，主要分佈於今獨立的哈薩克、吉爾吉斯二共和國。」

至於「東幹人」名詞的由來，李福清表示至今仍不清楚。他當時心想無法去中國，但至少可以去看東幹人。大一暑假，他前往東幹人居住的一個農村米糧川。當地居民都是甘肅回民的後代，至今仍說甘肅話，也有用斯拉夫拼音寫字的書籍、報紙出版，有其獨特的文化。

「我的目的主要是學習會話。因為學校中的課程以閱讀為主，會話課很少。」李福清笑著說：「你不曉得，我們的漢文啟蒙書是《三民主義》。大一時讀的、考的只有這本書，如此學了一年，結果反而一些日常的簡單字彙都不懂，如筷子，因為《三民主義》書中沒有這個詞，我們就不懂了。」

在農村住了一個半月，李福清一邊參加勞動，一邊努力學習，在建築馬檻、牛欄的過程中，他聽了不少民歌、故事，從此激發了他研究民間文學的興趣。李福清舉例說，像梁祝故事，他第一次在農村聽到，其中有一段是在其他書中沒有的，故事中提到師母懷疑祝英台可能是女的，就和梁、祝的老師一起作個測驗，要梁、祝二人晚上爬到屋頂撒尿，認為如此即可立辨男女，結果祝英台心生一計，巧用蘆葦，放得比梁山伯更遠。

「又如孟姜女的故事，也是在那時聽到的。所以，我對民間文學的知識、興趣就是這樣累積的。這和其他的漢學家不同，我是從民間來的，不是從書本。」

由於是猶太人，考上研究所科學院人才部不批准

那個暑假在米糧川與東幹人相處的經驗，正式開啟了他接近民間文學的契機。回到學校，他找了一位在語文系任教的民間文學專家普羅普(V.Propp)教授，向他報告、請教，並開始上他的課，足足聽了三年，獲益甚多。普羅普教授的著作舉世聞名，例如《民間故事形態學》，單是韓國即有四種譯本，美國出兩種譯本，德國、法國等國都有，大陸的上海文藝出版社也要出中文版。

李福清在大一、大三、大四的暑假都去東幹，搜集了很多材料，後來與另二人合著厚厚一大冊的《東幹民間故事傳說集》，一九七七年在莫斯科出版，頗獲佳評，連德國、西班牙都有興趣翻譯出版。

大學畢業後，他被分派到俄羅斯科學院世界文學研究所，從一九五五年至今。進科學院的過程是他碰到的第二個難題，而這與他的猶太人身分依舊有關。

「因為我是猶太人，考上研究所後，科學院人才部不批准，但研究所對我不錯，收我做低級研究員，可以寫一本書當副博士論文。我本來要寫梁山伯、孟姜女、白蛇傳這三個故事，但我的研究組長告訴我，最好從小題目做起，於是我決定只研究孟姜女。」

他的組長是對的。李福清說，只研究孟姜女而已，十二萬字都沒寫完。一九六一年，他的副博士論文《萬里長城的傳說與中國民間文學的體裁問題》在莫斯科出版，這是他的第一本書，主要是探討有關孟姜女的不同體裁及其表現手法的差異，包括民歌、傳說、戲曲、鼓詞、彈詞等，其側重點都不同。

同樣的心路歷程，在他著手撰寫博士論文時又經歷了一回。一九六五年，他到北京大學進修，一年的時間，他收集了很多民間文學材料，也聽了很多場說書，可惜文革恰好開始之前，說書只能說革命故事，不能說三國、水滸等小說，但是相同的說書方式依然給他不少的啟發。他本擬寫一本書研究三國、水滸、說岳全傳與民間文學的關係，可是材料實在太龐雜，於是他又只好選擇其中一部小說，寫了《中國的講史演義與民間文學傳統——書面上的及口頭的三國故事》。這是他的第二本著作，於一九七〇年一月完成，十二月在莫斯科出版，並將由上海古籍出版社翻譯出版。

勤於筆耕，研究不輟的李福清，著作豐富，除了臺灣學生書局出版其兩本書：《中國神話故事論集》、《中國古典文學研究在蘇聯》之外，尚有《從神話到章回小說》等書多種。

全方位出擊，廣搜善本孤本年畫，並致力翻譯工作

馳騁在民間文學的廣闊天地裡，他逐漸練就了一身通達的本領，在學術領域中，他全方位出擊，以民間文學為核心，觸角深入到民歌、小說、戲曲、神話故事等不同的體裁。此外，他廣搜善本、孤本、年畫，並致力於翻譯工作，使他的學術風華多姿而精彩。

「我調查各國圖書館所藏的善本、孤本，只要和小說、戲曲、俗文學有關的都儘量涉獵，發現了不少中國失傳的古籍。例如六〇年代時，我在列寧格勒發現了《石頭記》手抄本，是只缺二回的七十八回殘本，胡適發現的只有十六回，而且兩者的文字也有些不同，於是我和孟列夫合寫了一篇研究文章〈新發現的《石頭記》抄本〉，先在日本發表，文革之後大陸幾次發表。一九八七年，北京中華書局影印出版了抄本，引起學界極大的重視。」

此外，去年在上海出版的《海外藏晚明戲劇選三種》，則是他在丹麥、奧地利圖書館發現的，形式極特別，三欄式的版面安排，上層為戲曲，中層為民歌、小曲、歇後語，下層則

是另一種戲曲。這種三欄式的書在大陸、臺灣都不曾見過，只有日本保留了一些。目前臺灣準備影印出版的一本由曹去晶所作的小說《姑妄言》，即是李福清在莫斯科的圖書館中發現的。

跑遍了德國、丹麥、奧地利、捷克、外蒙古、越南、瑞典、美國、韓國等地，他就像一個觸角敏銳、眼光獨到的尋寶人，在古籍舊典中尋尋覓覓，只為了讓一部沈埋高閣的孤本重見天日，為學術界提供一條尋幽訪勝的路徑，解開一些迷團。這種寂寞、艱辛的工作，李福清做來樂此不疲，絲毫不覺辛苦。他目前正在進行編寫的一本《海外藏中國俗文學書錄》，以及他費時多年所編的《中國各族神話研究目錄》，明年將由中央圖書館漢學研究中心出版第一冊，即是他走過許多冷清時日一步一腳印的成果展示。

研究原住民民間文學，收集一百多種布農族神話故事

三年前，他第一次來臺灣，應淡江大學之邀進行十天訪問，但隨即又有很多學校爭相邀請他演講，使他不得不延長而停留了三十五天。第二次來臺是九二年三月，應國科會與清大之邀，主持一個搜集及比較研究臺灣原住民民間文學的計畫，並在清大、淡江客座。這一次將足足待三年。自許學問來自民間的李福清，可說是充分把握了這段在臺的日子，勤力不懈

地研究布農族，現在已收集了一百多種布農族的神話故事。

「布農族的民間文學非常原始而有趣，他們沒有神的觀念，也沒有頭目、階級、英雄之別，例如很多民族都有類似后羿射日的故事，都有屬於自己的一個英雄，但布農族沒有，射日壯舉不是一人獨立完成，而是由老年、壯年、青年人接力完成，是集體的功勞，這一點和其他民族不同。我現在就是以此為研究主題。除了布農族，我也對泰雅族深感興趣，已與臺中縣立文化中心連繫好，並到和平鄉拜訪其鄉長，獲其應允全力協助，已開始搜錄。」

六十二歲的李福清，談起民間文學就渾身來勁，原本聲音洪亮的他，頓時嗓音又提高幾分。我可以看到他急切目光背後對學術追求的虔誠與深刻的自我期許。訪談一小時餘，本以為話題就此打住，不料他話鋒一轉，又轉出了他研究天地的另一番風景。他補充說：

「我也收集、研究中國年畫，這和俄國年畫的藏量豐富有關。我於八〇年代到大陸，問起那一個博物館收藏的年畫最多？他們告訴我是天津藝術博物館。我去了，館長說有一千幅，我告訴他，列寧格勒的東宮博物館有五千幅，其他的也不少。」

這個事實令我訝異，也感到不解。李福清解釋道：「第一個在中國收集民間故事的是俄羅斯的民俗學家N. G. Potanin。一八八三、八四年的中法戰爭期間，他到中國有計畫地記錄西北各族民間故事，同時收購，一八九二年時在聖彼得堡出版了一大冊民間故事集。後來，有一個年輕的植物學家V. L. Komarov，於一八九七年前往東北，越邊界入吉林，專門調查東北地區的植物，偶然間看見了年畫，當時年畫價格便宜，小幅五分錢，大幅一角錢。他本身對民俗也有興趣，便買了三百幅回聖彼得堡，其中也有畫臺灣的題材。後來，有一幅壽星年畫不知何故落入我的老師阿列克謝夫(V. Alexeev)之手，他很喜歡。一九〇六年，他被派往北京進修，三年間專心收購，買了四千多幅清末的年畫返回俄國，加以研究，並想寫博士論文。可惜他教了我幾個月便於一九五一年逝世，我和他的女兒合編了一本他的《中國民間年畫論文集》，於一九六六年出版。」

不愛廟堂愛民間，他和學院中的學者有很大不同

在中俄文化交流方面，李福清也不遺餘力地推動，像最基本的翻譯工作，他就做了不少，主要是翻譯中國民間故事。去年於莫斯科出版的《中國民間故事選》，最早是在一九五七年出版，賣了三十多萬冊，很快就被搶購一空；五九年增訂再版，又印了二十萬冊；七二年再印五萬冊，去年又增印五萬冊，足見這項工作的重要性。又如《東幹民間故事傳說》出版時印了七萬五千冊，幾天內就賣光，連他自己都只能買幾本而已。

一邊研究，一邊翻譯，悠遊於各種體裁的不同山水間，他看似路徑蕪雜，其實不離其宗，

民間文學一直是他倚傍的重心，也是他前進的方向。

今年八月起，他在離開淡江大學後，再度前往清大客座一年，對於自己的教書工作，他自嘲地說，一輩子作研究，從未教過書，首次執教鞭是在臺灣。這當然是一次難得的經驗，他會格外珍惜。

「我是從民間故事開始，逐漸走入小說、戲曲的領域中，這和一般學院中的學者有很大的不同。」他在無意間又再度強調這一點。

不愛廟堂愛民間，這就是李福清，一個為中國俗文學執著奉獻四十餘年的漢學家，一個入寶山攜金而出的尋寶人。

中華民國八十三年十二月十九日中央副刊

（郭惠煜／攝影）

關於史蓮娜

史蓮娜女士(Jelena Staburova)，一九四八年生於俄國沙卡林。莫斯科東方研究院歷史學博士，現任拉脫維亞大學歷史・哲學系、東方系教授，主要專長在中國近代史方面，著有《中國無政府主義：一九〇〇至一九二〇》、《辛亥革命時期的中國黨派》、《中國大陸、臺灣與拉脫維亞之關係》、《白馬非馬，或者中國傳統的哲學》等書。

烏托邦的追尋者

——拉脫維亞漢學家史蓮娜教授

隨著蘇聯政局的動盪瓦解，我們不會忘記一九九〇年左右那場舉世矚目的帝國解體的「革命」，「蘇聯」從此成為歷史名詞，許多「新」國家一夕誕生，轟轟然掀起一股席捲全球的民主大潮。透過媒體，我們對遙遠的波羅的海三小國並不陌生，為了自己的家園，他們起而奮戰抵抗的勇氣，在砲火的封鎖下愈形堅強的形象，也真實而令人感動地傳佈到我們眼前。

教書十八年，是拉大推廣漢學靈魂人物

其實，早於一九一八年即已獨立的拉脫維亞，被蘇聯於一九四〇年占領，直到一九九一年才再度獨立，在蘇聯的強權統治下度過半個世紀。土地是臺灣兩倍大的拉國，人口卻只有兩百萬人。在蘇聯統治時期，由於被規劃為產業研究中心，故該國百姓普遍的教育程度都不

低。也許是有了如此厚實的文化土壤，拉國的漢學研究才能在人數不多的情況下，依然有其不可忽視的耀眼光芒。

現年四十七歲的拉脫維亞大學教授史蓮娜(Jelena Staburova)女士，即是拉國重要的漢學家之一。十八年的教學經驗，加上研究中國思想、政治的著作，使她成為拉大推廣漢學的靈魂人物。

「我們知道，世界上說英語及漢語的人口最多，所以拉脫維亞大學在拉國獨立之初，即開始培養從事外交及貿易的漢語專業人才，並希望將來可以將漢語如英語般推廣至全國，不論他們在工作上使用中文與否，我們的努力目標是要讓人人都有機會學習漢語。」史蓮娜以她輕細卻篤定的語氣進一步解釋拉大致力推廣漢語教學的實際經驗道：「蘇聯統治時期，拉國境內各大學皆無中文科系，拉國人若要學習中文，必須前往俄國。因此拉大於國家獨立之後，即自創中文學系，以培養漢學人才，從此拉國人可以在自己國家，用拉脫維亞文直接學習中文，不必再千里迢迢遠赴莫斯科或俄國其他地區以俄文來學習中文。」

拉大以拉國第一學府的地位，於一九九一年開設中文課程，附屬於外國語言學院的東方語言系之下，該系包括日文、中文、阿拉伯文等科，一開始每週上兩次課，其後陸續增加。九二年並進一步成立了獨立的漢學班，而她目前就在漢學班教授以中國歷史為主的專業課程。

漢學班必修的科目有中國文學、中國歷史、中國近代史、中國哲學史、中國藝術史、中國傳統音樂及古文等，內容還算豐富。此外，學生每週必須聽一場關於中國歷史的特別演講並寫報告。教材多使用中國大陸出版品，不過，學生有一科必修古文，必須學習正體字，因此他們希望將來也能使用臺灣出版的教材，目前已有一位由臺灣師大國語文中心去的鮮老師在協助教學。

對於拉大在漢學方面的發展，史蓮娜抱持著樂觀的信心，她有些自豪地說：「我們有自己的目標，想將拉國創造成漢學研究的重鎮，因為拉國人對中國文化很感興趣，社會上也一直有此熱烈的要求，只是過去我們是以俄文教書、著書，現在則全部用拉文了。」

戈巴契夫推動改革，無政府主義受到重視

一九四八年生於俄國一個大島沙卡林(Sakhalin)的史蓮娜，父親是列寧格勒人，母親是莫斯科人，相識於沙卡林島，婚後回到列寧格勒，因此史蓮娜的童年在列寧格勒度過。然而，父母不久離異，她在任教於列寧格勒師範大學的母親撫養下成長。

「我母親畢業於莫斯科大學，目前教的是英文課程，我在她的影響下也懂得一些英文。高中畢業時，我覺得應找更有挑戰性的科目來學習，故我放棄了英文而改選中文，以中國歷

史為專業。」

史蓮娜於一九六七年至七二年間就讀於列寧格勒大學東方系，透過每年撰寫一篇論文的訓練，她逐漸清楚自己真正的興趣所在。她以冷靜的口吻回憶說，她的大學畢業論文寫的是《朱執信與民報》，探討了朱執信的思想與人格。「其實，在當時的國際情勢、蘇聯研究風氣的影響下，我應該研究中國共產黨的歷史，但我卻選擇了更早期的歷史。這對我是一次很好的訓練機會，因為二十世紀初期正是文言、白話交替的時代，我因此而得以熟悉兩種不同的文字型態。」

大學畢業後，史蓮娜於一九七三年一月進入莫斯科東方研究院。七五年結婚，然後生子，一切都在平靜而規律的步調中進行著她的學習生涯。婚後她開始思考博士論文的計畫，最後決定的題目是「中國無政府主義：一九〇〇至一九二〇」。「這是我的指導教授協助我決定的。在蘇聯時代，我們只知道共產主義，其他主義則茫然無知，事實上也不允許有其他政治上的主張。」史蓮娜有些感慨地說：「我讀大學時，許多學者都認為無政府主義是不好的主張，甚至被視為是與共產主義敵對的看法。我覺得自己有一些不同的看法，可以透過這篇論文的研究來真實陳述，而非人云亦云。」

在蘇聯獨裁政權的掌控下，她的選擇是帶有一定的冒險性的。在當時，包括大陸、臺灣在內，對無政府主義的研究均寥若晨星，而她是俄國第一位研究中國無政府主義的人。這本花了三年心血的論文集後來由莫斯科科學出版社於一九八二年出版，這也是她的第一本著作。

「我喜歡研究無政府主義，但不代表我是無政府主義者。」史蓮娜以她一貫不疾不徐的語氣清楚地分析說，在戈巴契夫推動改革之際，俄國有許多人開始對無政府主義產生興趣，她的論文遂成為重要的參考書籍。過去俄國對此的研究都持負面否定的立場，只有二、三人稍持中肯的態度，現在則有不少人以無政府主義者自居，相關研究的書也逐漸多起來。一九八八年，俄國和烏克蘭舉行無政府主義大會，特地邀請她參加，因為當時並無多少書籍談到無政府主義，許多對無政府主義有興趣的人都是從她的書中汲取這方面的知識，了解了中國的無政府主義發展的歷史、克魯泡特金的學說理論，因為這個緣故，她受邀參加。「過去是俄國的無政府主義影響中國，我要研究時必須讀俄國的書，但現在則恰好相反，因為俄國學者讀我寫的有關中國的書。」史蓮娜有幾分欣慰地說。

關於中國的無政府主義，史蓮娜認為受到中國古代的思想影響很大，如大同、兼愛等，其理論的根源應該在此。「中國近代知識分子中，具有這類思想傾向的有李石曾、吳稚暉、劉師復等。辛亥革命以前，吳氏與李氏在巴黎創辦了一家出版社，也出版鼓吹無政府主義思想的《新世紀》雜誌。最有名的是劉師復，民國成立後，他在廣州、上海、澳門等地陸續成立這一類團體，發行《晦鳴錄》，成立『民聲社』，經他大力提倡，許多類似組織也在上海、南京、長沙等地紛紛成立。」史蓮娜簡單地比較了中俄兩國無政府主義思想的發展說：「中國的無政府主義者，雖然和俄國一樣也是革命家，但手段溫和，喜歡和平，俄國無政府主義者則以激烈的反抗為主。」

研究民初政黨，注意小黨對政治的影響力

從二十世紀初期中國的無政府主義開始，她走進了中國近代史的研究領域中，甚至於跨足到外交、中國哲學的範疇，十足表現出她寬廣的學術趣味及旺盛的研究意志。《辛亥革命時期的中國黨派》一書，即是她的博士後研究論文，一九九二年在莫斯科出版。她在撰寫博士論文期間，體會到民國初期的中國政治有其值得注意的特殊性，「這是中國第一次有大規模的民主生活經驗，據不完全的統計指出，當時陸續成立的黨有三百多個，可說是小黨林立，如進步黨、民社、社會黨、勞動黨、民主黨、中國社會黨等。其實那段時間並不長，但我覺得它對中國政治的影響極大。」史蓮娜特別提到當時搜集相關資料的困難性，她表示，如張玉法的書，她當時即無法看到，因為和臺灣並無往來。而所能見到的書也談得不多，長期以來，中國的政黨研究太偏重於國、共兩大黨，小黨一直不受重視，她語帶批判地說明道：

「當北伐成功、全國統一後，國民黨的歷史學家編寫歷史，是以國民黨的立場下筆；一九四九年以後，中共則以共產黨的角度看歷史。而我的看法是，不要忽略了這些小黨的作用。也許是因為我在蘇聯成長的經驗，只有一個共產黨，而且也不敢批評，因此我決定透過對中國政黨的研究來了解真正的政治生態發展情形。」

也許是題材的敏感，她於一九八八年即已完成此書的寫作，卻遲至九三年才出版，一些看法不被某些人接受是主要的原因，但在支持者的協助下，此書還是出版問世了。同一年，她又出版《中國大陸、臺灣與拉脫維亞之關係》一書，撰寫這本小冊子，史蓮娜的動機很單純，她解釋說，拉國於一九九一年獨立後，開始發展外交關係，起初與臺灣的來往較密切，並建立了官方總領事館的關係，但後來在中共的壓力下，破壞了原本與臺灣的關係，而與中共建立起大使層級的關係。不過，臺灣設在拉國首都李家(Riga)的領事館仍繼續運作，目前的情勢似乎有些混亂。有鑑於此，她基於自己對中國的一份認識，認為拉國的政治家們對海峽兩岸都缺乏了解，因此她特別在書中強調中國特殊的歷史傳統，讓拉國人民對中國能有更深入的觀察。

彼得史密斯奠定拉國漢學研究的基礎

史蓮娜於今年（一九九五）初，筆鋒一轉，出版了一部關於中國傳統哲學的小書《白馬非馬，或者中國傳統的哲學》，對於自己的「轉向」，她顯得有些赧然，急急向我說明道：「拉國人對中國的傳統文化極感興趣，可惜沒有什麼書可讀，尤其是以拉國文字撰寫的書更是缺乏，而我在大學教『中國哲學』這門課，於是將自己的體會心得，特別是直接閱讀古代哲學書籍的一些看法，寫成這部主要是通俗性的入門書，篇幅不多，卻有我個人的諸多意見。」

在這本書的基礎上，史蓮娜較具信心地想進行下一個研究計畫，撰寫有關清代哲學的書，因為她對明末清初的思想變化感到好奇，不知是何因素使然，產生了諸如王夫之、顧炎武、黃宗羲等許多位大哲學家？有些學者認為這和歐洲的情況相類似，是社會的改變造成思想上的改變，但她不以為然，認為當時社會上的改變並不大，因此，她想深入研析當時思想改變、發展的脈絡與真正原因。

勤力著述之餘，至今已教了十八年書的史蓮娜，對教學工作也始終保持著高度的熱情。原本在拉脫維亞大學歷史及哲學系教書的她，自從三年前新成立東方系後，同時在兩個系都兼授課程，包括中文、中國歷史、東方國家歷史、中國哲學、中國當代政治等。繁忙的教學工作，使她每天的生活節奏都很緊張，她無奈地表示，拉國的漢學家不多，因此一個人要做很多工作。由於她和同事的努力，在拉國目前二十多所國立大學、私立大學也為數不少的情況下，拉大得以一枝獨秀，擁有最完整的有關中國研究的師資與課程。

對於拉大在漢學研究上有今天的領導地位，史蓮娜歸功於在十九世紀末的一位拉脫維亞漢學家彼得史密斯(Peteris Shmits, 1869–1938)，她說：「他於一八九八年在北京大學教書，是北大第一位俄文教授，當拉國於一九一八年獨立後，他返回拉國教中文及研究拉脫維亞民族的歌謠，當時他所帶回的大量中文書籍，目前正收藏於拉大的圖書館內，而這正是拉脫維亞漢學的基礎。」

今年已是第三度來臺的史蓮娜，是應漢學研究中心之邀，來臺進行三個月的訪問研究，主要是想探討克魯泡特金對中國五四運動的影響，由於她對中、俄兩國歷史、文化的了解，她相信可以在這方面提出一些成果。

烏托邦理想雖好，但不可能在人間實現

漢學家們通常對語言都有過人的天分，史蓮娜也不例外，但提到這一點，她立即對我說，她的丈夫懂的語言更多，例如土耳其、伊朗、以色列等國的語言，她的丈夫(Uldis Berzinsh)都擅長，「他和我一起在列寧格勒大學讀書，是位詩人，曾著作、翻譯不少詩集出版，目前專業寫作。」史蓮娜語氣中帶有幾分慶幸地又補充了一句：她的丈夫不會說中文。

育有一子一女的她，這次來臺的時間雖然短暫，但她卻刻意攜十歲的女兒一同前來，並送女兒到中研院附近的胡適國小，和本地的孩子一起生活、上課，現在已懂得了許多中文。也許是有著衣缽相傳的欣慰，她談起時臉上多了愉悅的光采。

對目前的種種，她內心一直充滿著滿足的幸福。「現在只想多一些學生，畢業後能在推廣漢學上多一些幫手。」她揚揚眉，透顯出幾許殷切的期待：「其實，學中文對找工作並無太大助益，但是這些學生，包括很多漢學家們也是一樣甘之如飴。我常笑他們是烏托邦人。當然，我自己也是。」她露出微笑，彷彿對這個稱呼有著親暱而榮耀的喜愛。從最早涉足到烏托邦世界的追尋至今，她似乎一直懷抱著一股浪漫的憧憬，向高渺不可測的學術高峰前進著。

看她的神情，倒有幾分沾染自她詩人丈夫的感性，然而，她隨即正色道：「烏托邦是個很好的理想，但不可能在人間實現。我喜歡研究這些知識分子，但我絕不是無政府主義者。」她清楚的表白，立刻使她恢復一名學者冷靜而理性的本色。在感性與理性的擺盪中，唯一不變的，大概是她對漢學研究堅持不捨的痴迷吧！

中華民國八十四年九月十九日中央副刊

澳洲篇

（林金聖／攝影）

關於古德曼

古德曼(David S. G. Goodman)，澳洲悉尼科技大學國際學院院長。一九四八年生。曾就讀於英國曼徹斯特大學、倫敦大學，出版和發表過許多有關中國政治與社會方面的研究和論文，是澳洲中國問題研究專家。目前正從事抗日戰爭期間太行根據地變革的研究。

天生好男人

——澳洲漢學家古德曼教授

一心想研習俄國歷史，卻為風起雲湧的文化大革命吸引

古德曼有個好名字。David S. G. Goodman。再也沒有一個介紹詞說自己是「好人」更讓人放心而印象深刻了！

這位「天生的好人」，現任澳洲悉尼科技大學國際研究學院院長，他的中國妻子陳順妍博士則是澳洲悉尼大學亞洲研究學院的教授，兩人於一九九三年結婚，至今依然在度著長長的蜜月，幸福的表情不時流露在兩人的一視一笑間。是不是這個名字讓陳順妍打開心房，我們不得而知，但古德曼卻微笑地解釋說：「在澳洲西部，Goodman 一詞，有另一個特殊的意涵，即『良人』。因此，大家都可以稱呼我『好人』，但只有我太太可以稱呼我『良人』！」

看來，這位天生的好人，還是「天生好男人」呢！

也許是「天公疼好人」吧，四十七歲的古德曼這一生的際遇算是順遂無波。他於一九四八年生於倫敦，祖父母早年從俄國移居來英，父親在政府任職，母親則是一家貿易公司的商業管理員。由於家族的歷史淵源，古德曼於一九六七年進入曼徹斯特大學時，一心想研習的是俄國歷史，但是，在中國大陸風起雲湧的文化大革命運動吸引了他，他突然對這個陌生的國度產生一種莫名的憧憬，於是他開始學習中文。一九七〇年自曼徹斯特大學畢業後，他隨即到倫敦大學學了一年中文課程。七一年起，他正式執起教鞭，並於倫敦大學進修。

研究一個地區，不只根據材料，還要實際訪查

在攻讀政治學博士學位期間，因為缺乏中國專家的師資，於是他開始教起中國政治學等課程。一九七四年起，他轉到英國東北邊的Newcastle Upon Tyne大學任教，一直教了十四年，才於一九八七年移民澳洲。為了進一步了解中國的政治、經濟、科學，他曾於一九七八年到北京大學進修了一年，並且特地到四川、貴州作實地調查。因為同時教書與研究，他的博士足足唸了十一年，直到一九八一年才獲得學位。

「我的博士論文主要是研究中國中央與地方的聯繫關係——以四川、貴州省為例。我覺

得既然要研究那個地區，就一定要到該地實地訪查才行，不可能只根據材料來研判。」古德曼用他稍嫌生硬的中文急急地說：「我給你一個例子。抗戰期間在華北有一中共太行根據地，有關它的歷史及社會變革是我目前正在研究的。有一次，我看到資料上說，一九三九年中共佔據了其中一處地區，後來日軍雖在這一帶進出，卻始終沒走到那個地方，我感到很納悶，經實地探查後，才發現那裡山勢陡峭，易守難攻，日軍根本攻不進去。這就是資料與事實之間的相互映證，而我覺得，這是極重要的研究工夫。為了研究太行山根據地，自九〇年起，我每年至少會去一趟。」

以研究鄧小平，最受人矚目

古德曼的博士論文經修訂後於一九八六年由倫敦劍橋大學出版。那一年他同時出版了兩本相關著作，一本是中國省級領導人的研究（一九四九至一九八五）；一本是中國經濟發展的研究。除此之外，他以後還陸續出版了《鄧小平傳》、《變化中的華南》、《中國靜悄悄的革命》、《亞洲的新富人》、《鄧小平與中國革命》等專書一共十八種。加上他也是《中國季刊》、《共產主義研究》、《太平洋評論》等刊物的編委，可說是澳洲學術界有關中國問題的研究專家，曾多次應邀到中國訪問和從事研究工作。

在他出版和發表過的許多有關中國政治與社會方面的研究著作中，要以鄧小平的研究最受人矚目。其中最重要的一本是去年十一月在倫敦Routledge 出版社發行的*Deng Xiaoping and the Chinese Revolution :A Political Biography*（《鄧小平與中國革命・政治評論》）。此書已有中譯本，即將由北京中央黨校出版社刪節後出版。撰寫此書的動機可以追溯到他於一九九〇年出版的另一本《鄧小平傳》，他說：「在一九九〇年，我寫了一本短篇的鄧小平傳記，已經正式出版，然而，書上市不久，該書的出版商由於一些與本書完全無關的原因陷入了困境，廉價出售存書後，停止再版。九四年一月，得到大陸一些朋友的支持，提供了比四年前更豐富翔實的資料，因此得以利用更長篇幅對一些史料進行全面的修訂，而有了本書的完成。」

認為鄧小平的經濟思想，從太行山時期開始形成

在這部以政治評論為主的傳記中，古德曼提出了一些新的看法，例如他十分重視從一九三八年至五二年間，鄧小平與劉伯承一起工作的經驗，認為這是鄧小平一生發展最關鍵的時期，一方面培養了他在黨與軍隊上的影響力，一方面也建立了和毛澤東及其他中共元老的深厚關係。對於鄧小平影響深遠的經濟政策，古德曼也強調說：「如果把中國大陸自二十世紀七〇年代後期以來的經濟迅速增長歸功於一個人的話，那麼這個人一定是鄧小平。毛澤東雖

然在奪取政權上扮演無可取代的角色，但他並沒有點燃現代化的火花。人們一定會好奇，鄧小平的經濟思想從何時開始形成？我認為，這是從抗日期間在太行山，他和薄一波一起時即已開始。」

基於這樣的理解，他在這本書中格外用心於這段期間有關史料的發現與研究，他進一步表示，他對鄧小平的學術興趣與對華北地區特別是抗日戰爭的太行山區社會變遷的研究是密切相關的。當他對此課題產生興趣時，有關鄧小平在太行山區活動的範圍和性質仍是鮮為人知，然而，相當多的人，甚至鄧小平的孩子們也認為他們自己，用鄧榕的話來說，是「太行山的子弟」。因此，他在這本書中花了不少篇幅著墨這一段為人忽略的史實。

在研究鄧小平的過程中，博士論文指導教授Stuart Schram給了他在方法、思想上諸多啟迪，指導老師專研毛澤東思想，而他則是專研鄧小平的生平，「從某個角度來說，鄧是毛的接班人，而我則是老師的接班人，可說是有趣的巧合。」古德曼幽了自己一默。

長期在山西研究，產生濃郁感情

自七〇年開始學習中文，古德曼一直到七八年之前都還不太會說，到北京學習一年後，他才會說較流利的中文，有趣的是，由於他大部分的時間都在山西研究，因此他笑稱自己的口音已有山西腔。對於山西，他已產生一種濃郁的情感，他說：「我喜歡歷史，在山西，在太行山，可以讓我看到歷史。不過山西的空氣污染很嚴重，山上則比較清淨。我喜歡吃麵食，因此在山西可以大快朵頤。」

古德曼的中國研究大約可以分成三個方向：一是中共歷史；二是中國地方政治；三是中國文學，例如他在一九八一年曾出版了一本文學性的著作《北京之聲》。為了進行這些研究，他多次往來於臺、港、大陸地區。去年他就曾應太平洋文化基金會之邀，來臺進行二週訪問，向中研院近史所中研究抗戰時期間中共歷史的專家陳永發教授請教，也前往軍史檔案館、調查局等單位搜集資料。「抗戰期間，華北有一邊區的政府，管轄山西、山東、河南、河北四省，其中有我感興趣的太行區，當時一分為二，由共產黨與國民黨控制，因此，有關當時的史料，在軍史館中可以找到。」

中國不只一個文化，而是許多地方文化的組合

對於中國研究，古德曼有其獨特的見解，他興奮地分析說，中國不是只有一個文化，而是很多地方文化的組合，但為什麼卻只有一個「中國」？這是他最感興趣的問題。因此，他研究中國的地方政治。事實上，中國現在的發展也是如此，各地區都在逐漸發展自己的特色。

這是一個根本的矛盾——既是一個中國，也有很多「中國」。他笑著說，這應該算是「後現代」的問題吧！

在研究過程中，他目前任教的澳洲悉尼科技大學國際學院給了他充分的支持。這所於一九九三年七月成立的學院，對英語系國家之外的世界各國都有研究專案，包括大陸、日本、韓國、臺灣、印尼、歐洲各國等都加以學術研究，目前有二十多位學者參與這些計畫。

「國際研究學院的『國際學』為主要研究課題，包括語言、政治、經濟、社會、歷史、文學等不同領域的專業」現任該學院院長的古德曼解釋說：「學生在此接受兩年的專業研習後，必須到其研究的國家學習一年，例如學中文，則第三年可以選擇到臺灣、大陸或香港學習。」對於該學院的特色，他很自豪地說：「我們是澳洲第一個有華南研究的學術機構，涵蓋了臺灣、海南島、廣東、福建等地區，今年開始我們聘請了第一位教廣東話的師資。」這項首創的「華南研究」計畫，是澳洲政府於一九九二年時請他規劃的一份報告所促成，在那份關於華南經濟發展的報告中，他提到政府應該支持這項研究，因此他到悉尼科技大學後，政府即支持他的構想，進行這項研究計畫。

研究漢學最大快樂是「娶了個中國妻子」

在研究、行政等繁忙事務之外，教書一直是他生活的重心。一九八七年移民到西澳洲的古德曼，同時升為教授，先在墨朵大學(Murdoch University)任教。九〇年澳洲政府提供較多經費，在大學內成立了「亞洲社會科學研究中心」，他即在該中心服務。九三年轉到悉尼科技大學國際研究學院。漫長的教學生涯中，他主要是以教授中國政治、中國歷史等課程為主。

除了學校對他的大力支持，使他能發揮己長、持續研究外，另一個對他生活——或者該說是生命——有決定性影響力的，是他太太陳順妍女士的同行、扶持，雖然他們是九三年才結婚，但一種相知相契的深厚情感，卻彷彿是多年夫妻的點滴累積，一談起太太種種，古德曼那種「天生好男人」的深情款款就不自禁地流露出來。陳順妍自一九六六年起就在悉尼大學任教，是澳洲出生的華裔，以研究文學、知識分子的歷史見長，兩人在一九八九年一次開會場合認識後，古德曼就展開他持續而真情的追求，他回憶道：「悉尼在西澳洲，而我當時在東部，每兩週就搭飛機五小時去見她一面，一直到九四年六月，我轉到悉尼科技大學，才結束兩地奔波的相思生涯。」

「好人」終於成了陳順妍的「良人」。

「學術研究之餘，我最大的興趣是攝影。每年去山西或到其他地方研究，我都以相機留下不少珍貴的鏡頭。從一九七二年始，我已累積了不少實地採訪的照片。我希望今年可以在澳洲出版一本關於中國風土人情的攝影集。」多情的他，自然不會放棄將鏡頭焦點對準自己所愛的女人，去年的聖誕節，他以真摯的誠意送給陳順妍一本相簿，令她驚喜不已，因為那本攝影專輯中全是她這些年來留下的倩影，三百多張照片，呈現出的是古德曼對她不渝的深情，以及兩人繽紛多姿的美好時光。

如果你問古德曼，研究漢學最大的快樂是什麼？這位「天生的好人」一定會說：「娶了一個中國妻子」。

他給我的就是這個答案，而且是唯一的答案。

果然是個「天生的好男人」。

中華民國八十四年六月二十八日中央副刊

三民叢刊書目

①邁向已開發國家　孫　震著
②經濟發展啟示錄　于宗先著
③中國文學講話　王更生著
④紅樓夢新解　潘重規著
⑤紅樓夢新辨　潘重規著
⑥自由與權威　周陽山著
⑦勇往直前
・傳播經營札記　石永貴著
⑧細微的一炷香　劉紹銘著
⑨文與情　琦　君著
⑩在我們的時代　周志文著
⑪中央社的故事（上）
・民國二十一年至六十一年　周培敬著
⑫中央社的故事（下）
・民國二十一年至六十一年　周培敬著
⑬梭羅與中國　陳長房著
⑭時代邊緣之聲　龔鵬程著
⑮紅學六十年　潘重規著
⑯解咒與立法　勞思光著
⑰對不起，借過一下　水　晶著
⑱解體分裂的年代　楊　渡著
⑲德國在那裏？（政治、經濟）
・聯邦德國四十年　郭恆鈺、許琳菲等著
⑳德國在那裏？（文化、統一）
・聯邦德國四十年　郭恆鈺、許琳菲等著
㉑浮生九四
・雪林回憶錄　蘇雪林著
㉒海天集　莊信正著
㉓日本式心靈
・文化與社會散論　李永熾著
㉔臺灣文學風貌　李瑞騰著
㉕干儛集　黃翰荻著

㉖作家與作品　謝冰瑩著
㉗冰瑩書信　謝冰瑩著
㉘冰瑩遊記　謝冰瑩著
㉙冰瑩憶往　謝冰瑩著
㉚冰瑩懷舊　謝冰瑩著
㉛與世界文壇對話　鄭樹森著
㉜捉狂下的興嘆　南方朔著
㉝猶記風吹水上鱗　余英時著
・錢穆與現代中國學術
㉞形象與言語　李明明著
・西方現代藝術評論文集
㉟紅學論集　潘重規著
㊱憂鬱與狂熱　孫瑋芒著
㊲黃昏過客　沙　究著
㊳帶詩蹺課去　徐望雲著
㊴走出銅像國　龔鵬程著
㊵伴我半世紀的那把琴　鄧昌國著
㊶深層思考與思考深層　劉必榮著
・轉型期國際政治的觀察
㊷瞬　間　周志文著
㊸兩岸迷宮遊戲　楊　渡著
㊹德國問題與歐洲秩序　彭滂沱著
㊺文學關懷　李瑞騰著
㊻未能忘情　劉紹銘著
㊼發展路上艱難多　孫　震著
㊽胡適叢論　周質平著
㊾水與水神　王孝廉著
・中國的民俗與人文
㊿由英雄的人到人的泯滅　金恆杰著
・法國當代文學論集
51重商主義的窘境　賴建誠著
52中國文化與現代變遷　余英時著
53橡溪雜拾　思　果著
54統一後的德國　郭恆鈺主編
55愛廬談文學　黃永武著
56南十字星座　呂大明著
57重疊的足跡　韓　秀著
58書鄉長短調　黃碧端著
59愛情・仇恨・政治　朱立民著
・漢姆雷特專論及其他

⑥⓪蝴蝶球傳奇　顏匯增 著
·真實與虛構
61文化啓示錄　南方朔 著
62日本這個國家　章　陸 著
63在沉寂與鼎沸之間　黃碧端 著
64民主與兩岸動向　余英時 著
65靈魂的按摩　劉紹銘 著
66迎向眾聲　向　陽 著
·八〇年代臺灣文化情境觀察
67蛻變中的臺灣經濟　于宗先 著
68從現代到當代　鄭樹森 著
69嚴肅的遊戲　楊錦郁 著
·當代文藝訪談錄
70甜鹹酸梅　向　明 著
71楓　香　黃國彬 著
72日本深層　齊　濤 著
73美麗的負荷　封德屏 著
74現代文明的隱者　周陽山 著
75煙火與噴泉　白　靈 著

76七十浮跡　項退結 著
·生活體驗與思考
77永恆的彩虹　小　民 著
78情繫一環　梁錫華 著
79遠山一抹　思　果 著
80尋找希望的星空　呂大明 著
81領養一株雲杉　黃文範 著
82浮世情懷　劉安諾 著
83天涯長青　趙淑俠 著
84文學札記　黃國彬 著
85訪草（第一卷）　陳冠學 著
86藍色的斷想　陳冠學 著
·孤獨者隨想錄
A·B·C全卷
87追不回的永恆　彭　歌 著
88紫水晶戒指　小　民 著
89心路的嬉逐　劉延湘 著
90情書外一章　韓　秀 著
91情到深處　簡　宛 著
92父女對話　陳冠學 著

⑨③陳冲前傳　嚴歌苓著
⑨④面壁笑人類　祖　慰著
⑨⑤不老的詩心　夏鐵肩著
⑨⑥雲霧之國　合山　究著
⑨⑦北京城不是一天造成的　喜　樂著
⑨⑧兩城憶往　楊孔鑫著
⑨⑨詩情與俠骨　莊　因著
⑩⓪文化脈動　張　錯著
⑩①桑樹下　繆天華著
⑩②牛頓來訪　石家興著
⑩③深情回眸　鮑曉暉著
⑩④新詩補給站　渡　也著
⑩⑤鳳凰遊　李元洛著
⑩⑥文學人語　高大鵬著
⑩⑦養狗政治學　鄭赤琰著
⑩⑧烟　塵　姜　穆著
⑩⑨河　宴　鍾怡雯著
⑪⓪滬上春秋　章念馳著
⑪①愛廬談心事　黃永武著
⑪②吹不散的人影　高大鵬著
⑪③草鞋權貴　嚴歌苓著
⑪④是我們改變了世界　張　放著
⑪⑤夢裡有隻小小船　夏小舟著
⑪⑥狂歡與破碎　林幸謙著
⑪⑦哲學思考漫步　劉述先著
⑪⑧說涼　水　晶著
⑪⑨紅樓鐘聲　王熙元著
⑫⓪寒冬聽天方夜譚　保　真著

⑫1 儒林新誌

周質平　著

本書是旅美普林斯頓大學周質平教授，將其多年在國內外的華文報章上所發表的四十多篇論述雜文結集成冊。書中呈顯出所謂海外學人的千般樣態，嘲諷中不失幽默，值得您細心體會。

⑫2 流水無歸程

白樺　著

大陸知名作家白樺繼《哀莫大於心未死》之後又一本長篇小說。他的書取材是當代的，是改革開放後大陸所面臨的經濟文化與人慾的衝擊。書中的人物如高幹、富商、少女、情婦、歌星等，在金錢的誘惑下，一一呈顯出深沈黑暗而扭曲的人性面。

⑫3 偷窺天國

劉紹銘　著

善人走完了人生路途上天國，會幸福到什麼程度？天國的幸福，會不會只是塵世快樂的延續？在本書作者引領之下偷窺天國的結果，是否會發覺天國的無趣？永恆實在可怕，幸福和快樂如果遙遙無盡期，一樣會變為無聊、乏味。天國，是否就在當下。

⑫4 倒淌河

嚴歌苓　著

屢獲各大報文學首獎的嚴歌苓，繼《陳冲前傳》、《草鞋權貴》後又一本小說新著。內容包括十個短篇及一部中篇〈倒淌河〉。全書無論在寫景、敘事或對話，都極老練辛辣，辣得幾乎教人流出淚來。

⑫⑤ 尋覓畫家步履

陳其茂 著

出國旅行，是許多人心神嚮往的事。而世界各著名的美術、博物館，更是文人雅士們流連佇足之所。與其走馬看花、對大師們的作品僅留浮光掠影，淺嘗輒止；不如隨著畫家陳其茂教授的引領，在其敏銳且情感深致的筆觸下，一起尋覓畫家們的步履。

⑫⑥ 古典與現實之間

杜正勝 著

在古典與現實之間，一幕幕動人心弦的故事正激盪著你我的心。古典的真貌在不斷的探索中漸漸澄澈而透明。而現實的我們且懷著古典的情愫，在史學家杜正勝院士古典新詮的筆下，淺嘗歷史的滋味。

⑫⑦ 釣魚臺畔過客

彭歌 著

北京釣魚臺之盛名，並非全因這片神祕的迎賓貴地，而是在於它的歷史背景。是緣的牽引，將離去故都半世紀的作者引入這神祕的釣魚臺賓館……本書作者以纖細的筆觸，將自己多年飄泊生涯中的聞見感想，一幕幕真實清晰地展現在您眼前。

⑫⑧ 古典到現代

張健 著

涵泳於中國文學數十寒暑而樂此不疲的張健教授，在本書中除用粗筆勾勒歷代文學抽象的思潮外，更以細筆描述陶淵明、杜甫、孟浩然、王國維、魯迅、張愛玲……等文學家具象的風格與作品。篇篇都以作家的詩文為其依據，引領讀者一覽文學之美。

⑫⑨ 帶鞍的鹿

虹影 著

由一幅帶鞍的鹿畫中，牽引出一樁奇異的命案，主角和死者有著什麼樣的糾葛?帶鞍的鹿畫中又暗示了什麼樣的命運?

作者以其深沈的筆調，藉著本書各篇小說，帶領讀者走向人類心靈的深處，去探索深藏於內心的桎梏。

⑬⓪ 人文之旅

葉海煙 著

本書作者以「人鏡」自任，用經世的情、關懷的筆，鏡映出人文百態。全書集結作者對自我、社會和文化等面相的諸多觀察及反思。一字一句，皆為知識分子的圓融智慧與淑世熱忱；一言一語，盡是紛乘社會的暮鼓晨鐘。

⑬① 生肖與童年

小民 著
喜樂 圖

十二生肖在每個農曆新年來臨時，都為年節的歡樂帶來一股高潮。這些可愛的動物們，為童年的生活增添了無限的趣味。本書紀錄了作者對於十二生肖的情感，和童年難忘的美好時光。加上喜樂先生細膩的插畫，讓生肖與童年的故事，一一鮮活起來。

⑬② 京都一年

林文月 著

京都是一個新舊互容的都市，有著高樓矗立及寬敞的街道，又存有古典風味的低矮木屋與不平的石板路。作者在京都的一年中，品味著這古都對文化保存、人情往來及文藝活動的諸般樣態，藉由她的生花妙筆，使讀者沈湎於京都典雅、優閒的情調。

⑬ 山水與古典

林文月 著

山水景致，勾起了幾許文人的多愁善感；而古典文學，又蘊含著多少古人的人生情懷。本書探討著古典作品和詩人之間的關係。筆調輕鬆而不輕浮；題材古典絕不枯燥。且邀您一同進入詩人的筆墨之間，翱遊在山水作品的世界裏。

⑭ 冬天黃昏的風笛

呂大明 著

旅居法國的作者呂大明女士，以其一貫典雅柔美的風格和精致細膩的筆觸，表達出她對生活、自然的樂觀態度。她如詩般的作品，仿如一幅幅精美瑰麗的圖畫，靜靜地訴說著對美好人生理想的浪漫情愫。

⑮ 心靈的花朵

戚宜君 著

本書作者一生從事文化的傳播工作，積累數十年的工作經驗及閱讀習慣，創作出一篇篇詞美意深的勵志散文。除了用以傳達理性的知識和感性的情懷外，並深切期望本書能敲開你的心扉、溫暖你的心靈，進而耕耘你的心田，綻放出美麗的心靈花朵。

⑯ 親 戚

韓 秀 著

人間真情不分種族國界；世間的溫暖存在每一角落。在有風有雨的日子裡，亦或在恬淡如鏡的歲月中走過，是否有如詩般美麗的故事令人難以忘懷？是否忘了去感激那些曾經陪著你、關懷你的人呢？靜下思慮，就讓韓秀的慈心慧語洗滌你久未感動的心。

⑬⑦ 清詞選講

葉嘉瑩 著

清詞之盛，號稱中興，其作者之多、流派之盛，以及其對詞集之編訂整理，對詞學之探索發揚，種種方面之成就，固已為世所共見。作者以其豐富的文學涵養，旁徵博引地賞析其所鍾愛的清詞，相信定能讓讀者流連忘返於清詞的世界中。

⑬⑧ 迦陵談詞

葉嘉瑩 著

本書為以詩詞涵養享譽國內外的葉嘉瑩教授，繼《迦陵談詩》之後又一精緻力作。從詩歌欣賞入門到分析溫韋馮李四家詞風，兼論晚唐五代時期在意境方面的拓展等，作者以其細膩的詩心，帶領讀者一起感受詞中的有情天地。

⑬⑨ 神樹

鄭義 著

曾以《老井》獲東京影展最佳編劇的作家鄭義，在因八九民運遭當局通緝而流寓異國之後，他以一個村落、一棵「神樹」，具體而微地映現當代中國的重重劫難。形象化的語言，原始潑辣的書寫，在魔幻詭麗的背後，透露出對生命與死亡的真實關懷。

⑭⓪ 琦君說童年

琦君 著

每個人都有童年，不管是苦是樂，回憶起來都是甜美的。善於說故事的琦君，與您一起分享她魂牽夢縈的故鄉與童年。篇篇真摯感人，字裡行間充滿了愛心與情義，在欣賞琦君的散文之餘，更別有一番溫馨感受，是一本老少咸宜的好作品。

⑭ 域外知音

張堂錡　著

本書作者張堂錡先生歷年來針對世界各國知名漢學家進行訪談，透過感性的筆觸，生動的文字敘述，道盡了這群域外知音漢學研究生涯的甘苦，因這一路執著不渝的採拾和耕耘，呈現繽紛絢麗的色彩，並給予中國人新的研究觀點，重新檢視自己的文化。

⑭ 遠方的戰爭

鄭寶娟　著

當地理上應該是遠方的戰爭，而我們已能同步掌握其狀況時，地球村的思維方式已不是口號，而是現實。以更宏大的視野看待這世界，以更深入的態度反省既存的觀念，將曾經事不關己的遠方納入思維，於是你會發現心可以更寬廣，生活也會更豐富。

⑭ 留著記憶・留著光

陳其茂　著

作者的刻畫世界總讓人有無盡想像的空間，又傳遞著溫馨美麗的情感。此書收錄作者生活及其於國外遊歷時所記下的作品，點點滴滴，時而讓人會心一笑，時而讓人溫情滿懷，更有異國風光、園野之美呈現在版畫及真摯的文字裏，值得細細品味。

⑭ 滾滾遼河

紀　剛　著

那是個遙遠的年代，那是個古老得近乎神話的故事。大時代的洪流中，上演的是一幕幕民族興亡、兒女情長。今日的人們也許早已淡忘，但歷史永遠不會忘記他們。就讓本書來為你溫習，屬於那個時代的中國人以血淚寫成的不朽傳說。

⑭⑤ 王禎和的小說世界

高全之 著

以〈嫁妝一牛車〉、〈人生歌王〉等小說及劇本著稱於世的王禎和，擅長描繪臺灣社會中的倫常、愛情，以及患難互助的友情，筆觸真實感人，在臺灣文學史上有很重要的地位。本書以專業的分析及討論，帶您進入這位文學巨擘的筆下世界。

⑭⑥ 永恆與現在

劉述先 著

本書為當代思想泰斗劉述先教授，繼《哲學思考漫步》之後又一結集力作。透過文字，讀者不僅可以了解作者如何通過自己的哲學理念去面對當前政治社會的現實；更有甚者，也可在作者哲學思路的引領下，重新思考，再對現實有深一層的體悟。